异质性环境规制、FDI与中国工业绿色技术创新效率研究

赵 路◎著

中国经济出版社
CHINA ECONOMIC PUBLISHING HOUSE
·北 京·

图书在版编目（CIP）数据

异质性环境规制、FDI与中国工业绿色技术创新效率研究 / 赵路著. - 北京 : 中国经济出版社, 2022.5（2022.9重印）
ISBN 978-7-5136-6917-7

Ⅰ. ①异… Ⅱ. ①赵… Ⅲ. ①工业经济-绿色经济-技术革新-研究-中国 Ⅳ. ①F424

中国版本图书馆CIP数据核字（2022）第076838号

责任编辑 郭国玺
责任印制 巢新强
封面设计 任燕飞工作室

出版发行 中国经济出版社
印 刷 者 北京科信印刷有限公司
经 销 者 各地新华书店
开 本 710mm×1000mm 1/16
印 张 11.5
字 数 170千字
版 次 2022年5月第1版
印 次 2022年9月第2次
定 价 88.00元
广告经营许可证 京西工商广字第8179号

中国经济出版社 **网址** www.economyph.com **社址** 北京市东城区安定门外大街58号 **邮编** 100011
本版图书如存在印装质量问题，请与本社销售中心联系调换（联系电话：010-57512564）

本书为
2021年湖北省社科基金一般项目（后期资助项目）
“异质性环境规制、FDI与中国工业绿色技术创新效率研究”（2021163）
项目成果

目　录

CONTENTS

导　论

第一节　研究背景与意义

一、研究背景

进入21世纪以来，世界经济以前所未有的速度迅猛发展，这在很大程度上归功于工业革命的到来，它改变了社会文明的发展进程，在完成了从工场手工业向机器大工业的过渡后，人类对资源的开发利用达到了前所未有的程度。放眼中国，改革开放40多年来，工业一直占据着重要地位，对宏观经济的贡献率一直稳定在40%左右，是中国经济增长的动力源泉。可以预见，在今后相当长的一段时间里，工业在中国的地位都不会动摇，将是推动中国经济平稳发展的重要力量。但是，由于中国目前正处于转变经济发展方式、优化经济结构、转换经济增长动能的攻关期，工业所面临的深层次矛盾也逐渐凸显，如传统依托于“高能耗、高污染、高排放”的粗放型发展方式带来了巨大的环境问题，唯GDP增长论、先污染后治理的弊端对工业可持续发展形成了强大的阻力，另外，创新能力不足、生产效率较低等落后发展模式在经济新常态下也难以为继，加上世界经济全球化的发展趋势促使国与国之间的联系不断加强，整个世界变成了一个“地球村”，跨国公司的资本流动也在一定程度上给工业企业带来影响。因此，将环境相关问题、国际贸易、技术创新融合在一起，研究中国工业发展相关问题，对推动工业朝着更好更高质量的发展方向前行，显得尤为重要。

2018年政府工作报告首次提出中国经济已经由高速增长阶段转向高质量发展阶段，为实现经济发展的有力转型必须推动经济发展质量变革、效率变革和动力变革，而增长动能转换和效率变革的关键就在于科技创新。党的十八大明确提出“科技创新是提高社会生产力和综合国力的战略支撑”，党的十九大则再次强调“创新是引领发展的第一动力，是建设现代化经济体系的战略支撑”，强化了科技创新作为第一动力的地位和作用。2019年4月，国家发展改革委颁布《科技部关于构建市场导向的绿色技术创新体系指导意见》，要求加快构建企业为主体、产学研深度融合、基础设施和服务体系完备、资源配置高效、成果转化顺畅的绿色技术创新体系，形成研究开发、应用推广、产业发展贯通融合的绿色技术创新新局面。可见，在当前经济放缓的新常态局势以及生态文明建设的迫切需求下，中国工业可持续发展的重点在于绿色技术的创新，因此，构建以市场为导向的绿色技术创新体系，提高绿色技术创新的效率，既符合绿色发展的需求，同时也决定着经济增长质量变革的内生潜力。

从保护环境背景来看，高速发展的工业在提升人们物质生活水平的同时，也给生态环境带来了不可逆转的破坏。不可再生资源被不合理地过度开采，导致能源利用效率低下，二氧化硫、二氧化碳、固体废弃物、废水等排放量呈现爆发式增长，使酸雨、全球变暖、空气质量低下等问题成为全球性环境问题，促使人们对可持续发展问题进行更深入的关注和思索。显而易见，环境作为公共资源，仅依靠市场自身力量降低环境污染已经行不通，需要政府进行适当干预。2015年9月，国务院发布《生态文明体制改革总体方案》，对中央、地方政府的环境保护职能、职权范围进行进一步规范，也对公众参与环境治理给予高度肯定。环境保护体系的建立，进一步促进了中国环境规制的合理有序发展，而作为中国环境管理的正式制度，环境规制实施的最终目的是通过对不同种类规制工具的使用，提高工业企业治污能力和创新能力，最终使中国工业绿色技术创新效率得到显著提升。

从外商直接投资（FDI）背景来看，20世纪90年代之前，尽管国际贸易的发展促进了世界经济的增长，但跨国公司间的资本流动主要发生在发达国家之间。后来，外商投资的积极作用逐渐得到发展中国家的重视，发展中国家以更积极的态度参与国际分工，促使资本在国家与国家之间得到了更快速的流动。根据近年来联合国贸易和发展组织发布的《世界投资报告》，中国吸收外资水平和对外投资水平长期位于全球第二，从利用外资的发展历程来看，中国已经成为双边投资大国，庞大的投资规模使其成为促进经济增长的重要渠道，也使其成为中国绿色技术创新中不容忽视的力量。

地方政府在国家政策的号召下，逐渐重视环境规制的实施并取得了一定的污染治理效果。与此同时，由于环境污染具有较强跨界流动性及负外部性特征，地方政府在实施环境规制政策减少污染的同时无法排除周边区域“搭便车”行为。地区之间相互竞争的存在使得其在引进外商直接投资过程中，为了自身经济利益最大化，不惜牺牲环境，通过降低环境标准吸引外资，导致环境治理效率低下。在当前大量引进外资的背景下，环境规制与外商直接投资在一定的相互作用下共同影响着中国工业绿色技术创新效率。为此，需要考虑双方共同作用因素，研究其对绿色技术创新效率的影响。那么，目前中国工业绿色技术创新效率是高还是低？区域间的差异是否显著？呈现怎样的变化态势？不同类型环境规制对中国工业绿色技术创新效率的影响是抑制还是促进？效果是否显著？外商直接投资进入中国到底是寻求“污染避难所”还是带来“污染光环”？在空间效应下，环境规制和外商直接投资相互作用后对中国工业绿色技术创新效率的影响怎样？解答这些问题，对于区域制定合理的环境政策、理智地引进外商直接投资提升中国工业的绿色技术创新效率并最终实现工业转型升级、经济高质量发展具有重要意义。

二、研究意义

（一）理论意义

传统的技术创新只强调创新而忽略环境保护的重要性，本书所研究的绿色技术创新更贴合时代发展的步伐，绿色技术创新兼顾环境污染的负外部性以及创新知识的正外部性双重特征。本书在已有研究成果的基础上将绿色技术创新的两个重要因素——环境规制和外商直接投资因素纳入分析框架，由于环境污染具有较强跨界流动性及负外部性特征，地方政府实施环境规制政策在减少污染的同时无法排除周边区域“搭便车”行为。“逐底竞争”的存在驱使区域之间在招商引资、获取经济资源的利益引诱之下竞相降低规制强度而牺牲环境，形成“政策洼地”，导致环境治理效率低下。在当前大量引进外资的背景下，FDI的“污染避难所”和“污染光环”效应一直是争论的焦点，其引致了污染跨区域流动以及技术空间溢出效应。结合中国工业发展的现实状况，本书力求形成以下突破：

第一，拓展了环境规制、FDI与绿色技术创新效率的理论研究框架。本书从绿色发展与创新发展相协调角度出发，运用资源环境经济学、产业经济学、生态经济学的技术创新、经济增长、可持续发展等相关理论方法，以提升中国工业绿色技术创新效率为目的，研究不同类型环境规制、FDI与绿色技术创新效率的互动机制，通过对三者理论框架的拓宽开展研究，并依据研究结论，寻找适合中国工业可持续发展的道路。

第二，进一步丰富“波特假说”。“波特假说”仅仅说明设置较合理的环境规制有利于技术创新，并没有进一步详细论述怎样设置合理的环境规制，也没有从绿色的角度研究技术创新。本书通过将环境规制区分为命令控制型环境规制、市场激励型环境规制及自主参与型环境规制三种类型，研究异质性环境规制对绿色技术创新过程中的科技研发、成果转化等的相关影响，并通过构建空间计量模型，实证检验命令控制型环境规制、市场激励型环境规制及自主参与型环境规制对绿色技术创新效率的空间作用，在进一步丰富“波特假说”的同时，使研究结果更具说服力。

第三，对“污染避难所”抑或“污染光环”进行进一步检验。其中“污染避难所”假说认为，发达国家为了自身利益最大化，将高能耗、高污染、高排放产业转移至发展中国家，导致环境污染，给发展中国家的环境带来严重损害；而“污染光环”假说认为，FDI可以通过技术溢出效应提升被投资国的环境质量。围绕两者的争论一直存在，本书将FDI的技术溢出效应和环境效应纳入同一分析框架，以此作为分析视角，研究FDI对绿色技术创新效率的影响机制，在此基础上通过实证检验，验证FDI是寻求“污染避难所”还是带来“污染光环”。

（二）现实意义

随着人民生活水平的提高，对美好生活的需要同经济发展的不平衡不充分已经成为现代化建设的主要矛盾。工业是经济增长的主要动力，也是资源与环境问题的重要主体，环境质量则成为美好生活的典型代表，地方政府响应国家政策的号召，由过去只关注经济增长总量的考核机制转变为引入地方绿色环境治理标的，相应地，一些地方环境规制措施逐渐施行并取得一定的污染治理效果。如何兼顾经济与生态环境协调发展成为新常态背景下建设现代化经济体系的一项重大议题。因此，研究异质性环境规制、FDI 对中国工业绿色技术创新效率不仅具有理论意义，还具有以下现实意义：

第一，准确测算中国工业绿色技术创新的阶段性和总体效率，可以更加清晰地了解中国工业环境保护和技术创新现状。工业绿色技术创新效率可以作为衡量现阶段中国工业转型升级、资源环境有效利用的评价指标。在当前经济放缓的新常态局势以及生态文明建设的迫切需求下，构建市场行为导向的绿色技术创新体系，提高绿色技术创新效率，既符合绿色发展要求，同时也是经济增长质量变革的内生潜力。而对工业绿色技术创新效率的测算及分析，则有助于认清中国工业整体现状并指导中国工业经济高质量发展。

第二，为区域选择合理的环境政策工具和引用外资提供理论建议。中国地域辽阔，不同区域具备的资源环境优势差异明显，尽管目前所有区域都面临资源环境约束和引用外资问题，但由于出现原因不同，所需要的解决方法也存在差异。通过对命令控制型环境规制、市场激励型环境规制及自主参与型环境规制工具和 FDI 引进后对中国工业绿色技术创新效率影响的科学、客观分析，为政策制定者提供较有针对性的政策建议，以期今后的工业绿色健康发展能够更加顺利。

第三，为国家新时期新理念的实施状况提供实证。党的十八大明确提出“科技创新是提高社会生产力和综合国力的战略支撑”，党的十九大则再次强调“创新是引领发展的第一动力，是建设现代化经济体系的战略支撑”，强化了科技创新作为第一动力的地位和作用。与此同时，党的十九大报告还强调了加强生态文明建设体制改革、推动绿色发展、推动形成全面开放新格局的重要性。本书力图通过对中国工业绿色技术创新效率的相关问题研究，进一步证实国家相关政策的颁布对当前中国新旧动能转换、生态文明建设的重要价值和意义。

第二节　核心概念界定

一、异质性环境规制

“规制”的英文为“Regulation”或“Regulatory Constraint”，日本学者植草益（1992）① 在其著作《微观规制经济学》中将其定义为：“社会公共管理部门依照所制定的规则标准，对企业活动进行管理的行为。”中国经济学家朱绍文等最早引用该词并将其翻译为“规制”。美国学者丹尼尔（1999）② 在其著作《管制与市场》一书中将其定义为：“由执行机构制定并执行，对市场进行直接干预，并最终影响企业或个体决策的普遍规则或特殊行为。”随后，国内学者傅京燕（2006）、赵玉民（2009）、文学国（2012）等均对环境规制的概念进行了进一步探讨。中国《生态文明建设大辞典·第一册》将环境规制定义为：“以环境保护和资源节约为目的，政府对企业的资源利用进行直接或者间接的控制和干预行为。”

环境规制的实施主体是国家行政机关，实施对象是市场中的相关企业。国家行政机关具有较强的行政执行能力，能够对违法违规行为进行管制约束和行为处罚，环境规制的实施手段主要包括经济性规范和社会性规范。其中，前者弥补了市场自身调节过程中垄断、竞争等造成的市场失灵，通过约束产品价格、数量、准入准则等约束企业行为，有利于提升资源配置效率，特别是确保电力、通信等自然垄断行业和银行、保险等信息不对称行业对资源的公平利用；后者主要用来解决外部性、信息不对称等造成的市场失灵，通过对可能造成环境污染、威胁人类生命安全和身体健康的行为进行规范，保证社会的平稳有序运行。可以看出，环境规制是政府相关部门为了保护生态环境和公众健康，依靠行政法律等手段约束企业

---

① 植草益. 微观规制经济学［M］. 朱绍文，等，译. 北京：中国发展出版社，1992：1-2.

② 丹尼尔·F. 史普博. 管制与市场［M］. 余晖，等，译. 上海：三联书店，上海人民出版社，1999：15.

排污行为，对污染进行防范与治理。

经过几十年的研究，学术界对环境规制的认知逐渐深化。环境规制的演进主要分为三个阶段：第一阶段的环境规制以行政手段为主，通过政府相关部门的控制命令，强制性干预相关企业利用资源环境的行为，以保护环境；第二阶段加入了一些经济手段，通过鼓励污染减排、给予税收补贴等政策和增加环境税收、推行排污权交易等行为降低污染；第三阶段进一步修正了环境规制的内涵，政府通过行政命令和市场调节对企业的资源利用进行直接或者间接的控制和干预。

环境规制目标需要运用科学有效的规制工具来实现，根据经济主体排污行为的差异，环境规制有多种分类方法，其中较有代表性的为经济合作与发展组织（OECD）的划分办法，[①] 可概括为：

（一）命令控制型环境规制

命令控制型环境规制是指政府相关部门根据相关法律法规所制定的具有强制执行力的环境政策和标准，监管部门对于未达标或者已达标企业可以进行强制性惩罚或给予奖励。按照命令控制型环境规制处置污染的差异，将其进一步划分为直接环境规制工具和间接环境规制工具，其中直接环境规制工具通过对最终排放污染物的种类和排放量进行限定来保护环境，间接环境规制工具通过对企业的污染处理技术和生产技术进行规范来保护环境。目前，中国所使用的命令控制型环境规制工具主要包括污染排放标准、环境标准、技术标准、排污许可证等。

命令控制型环境规制的优点主要表现为政府相关部门可以采取强制性手段快速有效治理环境，这也是世界上大多数国家均采取该规制工具的主要原因。命令控制型环境规制的缺点主要表现为：一方面，政府相关部门在制定、执行和监管污染排放过程中需要花费较多成本；另一方面，命令控制型环境规制具有强制性，在一定程度上抑制了企业的创新行为，将污染治理聚焦于特定生产方法，企业的自主选择空间被限制，不能及时创造更有效的新方法。

---

① OECD 将环境规制分为：命令控制型、市场激励型、自主参与型。

（二）市场激励型环境规制

市场激励型环境规制是指充分运用市场信息并基于污染者付费原则，将污染环境的社会成本借助市场、税收、排污交易机制等方式内化于企业生产过程中，最终降低污染排放。市场激励型环境规制政策工具主要包括排污收费、排污权交易、环境补贴等。

与命令控制型环境规制相比，市场激励型环境规制可以通过市场的自身调节作用来控制企业的排污行为，企业为了获得自身利益的最大化，会根据自身情况，选择最优的减排方式控制污染排放。市场激励型环境政策工具给企业提供了更多的自由选择权，更好地调节了企业的排污行为，随着市场经济环境的完善，市场激励型环境规制越来越显示出其优越性。

（三）自主参与型环境规制

自主参与型环境规制，是由企业、行业或公众主体自发组织形成的环保机构或组织来间接推动环境保护。自主参与型环境规制的核心在于通过公众的自主参与来提升环境治理效率，主要包括信息公开、公众参与监督等。自主参与型环境规制作为补充环境规制工具弥补了命令控制型环境规制和市场参与型环境规制工具的不足，鼓励各利益相关者参与到环境的治理和监管中来，提升了通过环境规制工具治理环境的效果。

二、绿色技术创新效率

（一）绿色技术

20 世纪 50 年代，伴随着工业革命所带来的副产品——环境污染问题的日益严重，为了保护环境所制定的环保法律法规也逐渐完善起来，绿色技术这一概念被理论界逐渐完善。最初人们以“末端技术”定义治理污染过程中的技术，但总体来看，这种“先污染、后治理”的治污方式远不能平衡工业高速发展过程中的污染产出，可见末端治理技术是一种低效率的治理手段。20 世纪 70 年代，受三里岛核电站等放射性污染事件影响，美国加大环境保护力度，对环境的治理不再仅注重末端处理，而是在生产过程中加入过滤装置，通过降低生产过程中的污染保护生态环境。1979 年，在日内瓦会议上通过的《关于废弃工艺和废弃物利用的宣传》提出“无废工艺”这一概念，同时期的“废物减量化”“污染防治技术”等概念都是

"无废工艺"的同义表达。1984 年，美国国会提出废物减少化技术，随后"清洁生产"这一概念被提出。清洁生产要求企业所生产的产品不仅要在生产过程中注重减少污染排放，而且要在产品流通、使用中的各环节注重生态保护。随后，多数国家将清洁生产作为保护本国生态环境的一项基本国策。1992 年，美国联邦政府还提出了"深绿色技术"和"淡绿色技术"概念，其中，前者主要应用于废弃物的处置，后者主要应用于减少污染。而随着这两个概念的提出，"绿色技术"这一概念开始被传播并应用，如今的绿色技术不仅包括以上内容，还涵盖生态技术、环境技术等，并且通常与"可持续发展""环境问题"和"外部性"等问题相关联。不少学者对其进行了更进一步的定义，其中，Brawn 等（1994）① 将其定义为"以保护生态环境为目的，通过降低污染、节约资源来提高生产技术、工艺的总称"。中国学者许庆瑞、王毅（1999）② 将其定义为"在产品整个生命周期过程中所有成本最小化的一种技术"。

（二）绿色技术创新

对于绿色技术创新，学术界并没有统一的定义，目前的研究可以分为以下两个流派：

1. 利用技术创新范畴

该流派把绿色技术创新看作为了应对环保政策而采取的过程创新。Han（1997）③ 在产品生产设计中考虑绿色技术创新，将其分为产品提升、更新设计、功效创新、系统创新四个动态环节，要求在各个环节中提升创新水平。Berry 等（1998）认为，企业之所以进行绿色创新，主要是因为面临愈加严格的环境管制制度压力，而绿色技术创新较为先进的企业还可以通过游说相关政府机构采取更严格的环境标准提升企业竞争优势。Kemp 等（2007）④ 认为，在产品整个生命过程中，能够减少污染、提升资源使

① Brawn E, Wield D. Regulation as a means for the social control of technology [J]. Technology Analysis and Strategic Management, 1994, 6 (3): 259 - 272.

② 许庆瑞，王毅. 绿色技术创新新探：生命周期 [J]. 科学管理研究，1999 (1).

③ Han B. Dynamics in eco - design practices [J]. Industry and Environment, 1997 (21): 35 - 50.

④ Kemp R, Pearson P. Final report of the MEI Project measuring eco - innovation [M]. Maastricht: UMMERIT, 2007.

用效率的创新均为绿色技术创新。Po－Shin 等（2009）① 认为，在生产和消费过程中，能够降低污染，保护生态环境，提升环境效率的产品或制度的创新均为绿色技术创新。Acemoglu 等（2012）② 将绿色技术创新定义为清洁技术创新，企业通过使用清洁能源、高技术设备等提升生产效率，降低污染。

2. 环境技术创新范畴

该流派把绿色技术创新看作为了实现可持续发展而进行的创新。Freeman（1996）③ 认为实现可持续发展是绿色技术创新的最终目标，要在顺应社会发展变化的同时在减少能源耗费、利用资源方面提升效率。许庆瑞等（1999）④ 认为，从环境角度出发，通过绿色思想、制度设定、技术创新等行为降低产品成本的行为为绿色技术创新。赵细康（2006）⑤ 认为绿色技术创新的本质是以保护环境为目的的管理和技术创新。葛晓梅等（2005）⑥ 认为，企业在生产活动中应将生态保护新知识与绿色技术应用于经营中的各环节，用来实现经济和社会的共同效益。Wong（2012）⑦ 认为，绿色技术创新突破了传统技术创新的局限，更加注重生态保护与技术创新的共同发展。

基于以上分析，本书借鉴环境技术创新范畴观点，将绿色技术创新归纳为：突破传统技术创新局限性，强调科技成果转化与生态环境相协调，在有限的自然资源和严格的环境约束条件下，能够实现绿色创新和技术创

---

① Po－Shin H，Li－Hsing S，Shih P D. Effective environmental management through environmental knowledge management [J]. International Journal of Environmental Science and Technology，2009，6（1）：35－50.

② Acemoglu D，Aghion P，Bursztyn L，et al. The environment and directed technical change [J]. The American Economic Review，2012，102（1）：131－166.

③ Freeman C. The greening of technology and models of innovation [J]. Technological Forecasting and Social Change，1996（53）：27－39.

④ 许庆瑞，王毅. 绿色技术创新新探：生命周期 [J]. 科学管理研究，1999（1）.

⑤ 赵细康. 引导绿色创新：技术创新导向的环境政策研究 [M]. 北京：经济科学出版社，2006：18.

⑥ 葛晓梅，王京芳，薛斌. 促进中小企业绿色技术创新的对策研究 [J]. 科学学与科学技术管理，2005（12）.

⑦ Wong S K. The influence of green product competitiveness on the success of green product innovation：Empirical evidence from the Chinese electrical and electronics industry [J]. European Journal of Innovation Management，2012，15（4）：468－490.

新的总称。

（三）绿色技术创新效率

“效率”一词最初来源于物理学概念，是指有用功率与驱动功率的比值，后来被应用于不同学科，引申出多种含义。环境学词典将效率定义为人类行为的投入与产出之间的比率。同理，绿色技术创新效率就是绿色技术创新投入与绿色技术创新产出之间的比率。结合上文对绿色技术创新概念的分析，本书进一步将核心概念绿色技术创新效率定义为：在绿色技术创新过程中，考虑环境污染和资源消耗的创新投入与产出间的转换效率，即绿色技术创新过程中资源投入对产出的贡献程度和配置效率。本书考虑了技术创新生产过程的阶段性特征，将绿色技术创新效率分为绿色科技研发和绿色成果转化两个阶段，在规模报酬可变（VRS）的基础上，考虑技术创新生产过程中环境非期望产出、投入过多与产出不足的特征事实，将绿色技术创新过程分为绿色科技研发和绿色成果转化两个阶段，建立非径向、非角度两阶段超效率网络 SBM - DEA 模型，在对每个阶段效率进行测算的基础上，最终通过模型计算出最终绿色技术创新效率结果。

第三节 研究思路与内容

一、研究思路

本书在已有研究的基础上，从理论和实证角度分析不同类型环境规制、FDI 对中国工业绿色技术创新效率的影响。本书具体的研究思路如下：

（1）由于从异质性环境规制、FDI 两个角度对中国工业绿色技术创新效率的研究较少，相关理论分析不足，有关实证检验结果存在较多争议。本书在对已有文献进行回顾并指出现有文献不足的基础上，研究了异质性环境规制和 FDI 共同作用下的中国工业绿色技术创新效率的作用机制和影响效果。

（2）在规模报酬可变（VRS）的基础上，考虑技术创新生产过程中环境非期望产出、投入过多与产出不足的特征事实，将绿色技术创新过程分为绿色科技研发和绿色成果转化两个阶段，建立非径向、非角度两阶段超效率网络 SBM - DEA 模型，测算中国各省份绿色技术创新效率，并在此基础上对中国各省份及区域工业绿色创新效率进行比较、评价及相关性分析。

（3）采用空间面板计量方法检验异质性环境规制对中国工业绿色技术创新效率的影响效应，分析不同类型环境规制是否具有线性关系和空间关联性，探究不同类型环境规制对中国工业绿色创新效率的影响效果和作用机制。

（4）对研究内容进行进一步扩充，将对外商直接投资（OFDI）考虑进来，采用空间面板计量方法分别从全国和地区层面检验 FDI、OFDI 对中国绿色技术创新效率的影响效应，验证是否具有“污染避难所”或“污染光环”效应。

（5）为了检验异质性环境规制、FDI 是否通过相互作用间接影响中国工业绿色技术创新效率，运用面板门槛模型对异质性环境规制和 FDI 的关系进行检验。确定两者存在相互作用后，在空间面板模型中引入命令控制型环境规制、市场激励型环境规制和自主参与型环境规制与 FDI 各自的交互项，对异质性环境规制和 FDI 约束下的中国工业绿色技术创新效率进行研究和探讨。

二、研究内容

本书利用中国 30 个省份 2006—2017 年 12 年面板数据，运用两阶段超效率网络 SBM - DEA 模型对各地区工业绿色技术创新效率进行测算和评价，并将异质性环境规制、FDI 引入绿色技术创新效率的因素分析中，进行进一步的分析。采用计量经济学分析方法，验证异质性环境规制、FDI 以及二者交互作用对绿色技术创新效率的作用机制和影响效果，最终达到恰当利用不同类型环境规制、FDI 提升中国工业绿色技术创新效率的目的。本书主要分为以下几个部分：

首先为导论。本部分阐述了全书的研究背景、研究意义，介绍了本书的研究内容及研究方法，并对本书的结构安排和技术路线进行了详细说明，指出了本书可能存在的创新点。

第一章为环境规制、FDI 与绿色技术创新的相关文献综述。本章对国内外关于绿色技术创新效率的概念和测算、FDI与绿色技术创新效率、异质性环境规制与绿色技术创新效率的相关文献进行整理归纳，在此基础上进行简要评述。

第二章为环境规制、FDI与绿色技术创新效率的理论分析。本章选取市场失灵理论，技术创新理论，新经济地理理论，效率理论和环境规制、FDI与绿色技术创新效率之间相互关系的波特假说、环境库兹涅茨曲线、“污染天堂”等理论作为研究的主要理论基础和支撑，并从理论上分析异质性环境规制、FDI及二者交互作用对绿色创新效率的影响机制，为下文研究提供充分的理论支撑。

第三章为中国工业绿色技术创新现状及效率测算。本章对中国工业发展现状进行描述分析，在规模报酬可变（VRS）的基础上，考虑技术创新生产过程中环境非期望产出、投入过多与产出不足的特征事实，将绿色技术创新过程分为绿色科技研发和绿色科技成果转化两阶段，建立非径向、非角度两阶段超效率网络SBM－DEA模型，测算中国各省份绿色技术创新效率，并在此基础上对中国各省份及区域工业绿色创新效率进行比较、评价及相关性分析。

第四章为异质性环境规制对中国工业绿色技术创新效率的影响分析。本章实证检验命令控制型环境规制、市场激励型环境规制和公众参与型环境规制对中国工业绿色技术创新效率的影响效应，分析现行的规制工具中，何种方式能够更好地促进工业企业绿色技术创新效率的提升，并对不同类型环境规制与中国工业绿色技术创新效率的线性关系和空间关联性进行实证检验及相关分析。

第五章为FDI对中国工业绿色技术创新效率的影响分析。本章在理论分析FDI、OFDI对中国工业绿色技术创新效率影响的机制基础上，实证检验FDI、OFDI及两者相互作用对中国工业绿色技术创新效率的影响效应，分别从全国和地区层面检验FDI、OFDI及两者交互项对中国工业绿色技术创新效率的影响，验证是否具有“污染避难所”或“污染光环”效应。

第六章为异质性环境规制、FDI对中国工业绿色技术创新效率的影响分析。本章在确定异质性环境规则和FDI存在相互作用的基础上，分别建立命令控制型环境规制、市场激励型环境规制和公众参与型环境规制与

FDI的交互项，运用更贴近现实的空间面板模型，对不同类型环境规制和FDI约束下的中国工业绿色技术创新效率进行研究和探讨，厘清异质性环境规制、FDI与中国工业绿色技术创新效率之间的深层关系。

第七章为研究结论、政策建议及研究展望。本章对主要研究结论进行提炼，提出在异质性环境规制和FDI相互作用下提升中国工业绿色创新效率的政策和建议，并指出研究存在的不足及今后研究可拓展和改进的方向。

第四节　研究方法与技术路线

一、研究方法

采用的主要方法如下：

（一）文献归纳法

在对大量绿色技术创新文献进行整理的基础上，全面把握相关领域的理论脉络和研究进展，确定本书的研究方向，并得到研究所需要的各种理论基础和实证方法，为研究的顺利进行提供有力的支撑。

（二）DEA方法

在规模报酬可变（VRS）的基础上，考虑技术创新生产过程中环境非期望产出、投入过多与产出不足的特征事实，将绿色技术创新过程分为绿色科技研发和绿色科技成果转化两阶段，建立非径向、非角度两阶段超效率网络SBM－DEA模型，测算中国各省份工业绿色技术创新效率。

（三）计量分析方法

1. 面板门槛分析

通过面板门槛分析异质性环境规制与FDI之间的关系，证实两者之间存在相互联系。

2. 空间面板模型

在对中国绿色技术创新效率的影响因素进行检验的基础上，借助静态面板模型和动态面板模型，就异质性环境规制、FDI对中国工业绿色技术创新效率的影响进行假设检验。

二、技术路线

本书的技术路线图如图 0 – 1 所示。

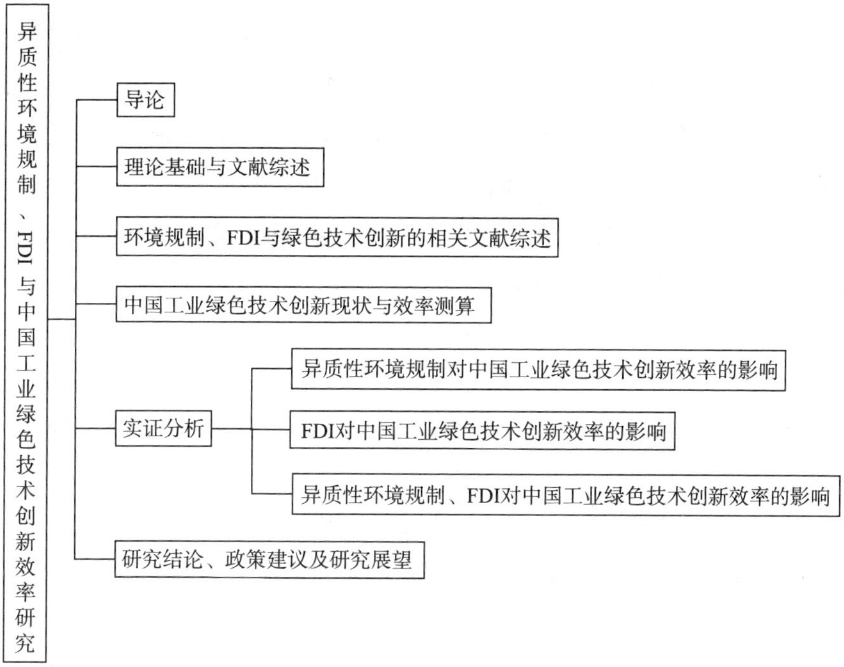

图 0 – 1 本书的技术路线

第五节 研究的创新点

本书的创新之处主要可归纳如下：

（1）考虑到环境污染具有较强跨界流动性及负外部性特征，地方政府实施环境规制政策在减少污染的同时无法排除周边区域“搭便车”行为。“逐底竞争”的存在驱使各区域在招商引资、获取经济资源的利益引诱之下竞相降低规制强度而牺牲环境，形成“政策洼地”，导致环境治理效率低下。因此，将异质性环境规制与 FDI 放在同一个分析框架，分别通过理论研究和实证检验，对异质性环境规制、FDI 与两者交互项对中国工业绿色技术创新效率的影响进行研究。

（2）之前的绿色技术创新效率测量方法存在缺点，如以绿色技术发明专利数量单一指标衡量的不足、随机前沿函数方法中函数设定的误差、现有 DEA 方法测度的不完善。本书将考虑技术创新的阶段性过程，同时将环境坏产出、阶段的关联性和效率值为 1 的不可比问题考虑在内，建立两阶段超效率网络 SBM – DEA 模型，使得测算结果更加精确。同时，考虑到绿色技术创新效率的空间外溢性特征，在研究异质性环境规制、FDI 对绿色技术创新效率的影响时注重空间溢出效应的分析。

（3）不同类型环境规制对中国工业绿色技术创新效率的影响效应有较大差别，不同地区不同类型的环境规制也有较大的异质性，而现有文献较少对这些方面进行深入研究。因此，书稿在区分命令控制型环境规制、市场激励型环境规制及自主参与型环境规制的基础上，考察异质性环境规制对中国工业绿色技术创新效率的影响，进而提出有针对性和差异化的规制政策。

（4）在单独分析 FDI 对中国工业绿色技术创新效率的影响时，引入对外直接投资（OFDI）这一因素，不仅进一步充实研究内容，而且使得 FDI 对中国工业绿色技术创新效率的影响分析更完善。

（5）基于现有文献的不足，建立更贴近现实的空间面板模型，在证实异质性环境规制与 FDI 存在相互作用的基础上，将命令控制型环境规制、市场激励型环境规制及自主参与型环境规制、FDI 以及三种类型环境规制分别与 FDI 的交互项引入同一模型之中，厘清异质性环境规制、FDI 与中国工业绿色技术创新效率的深层关系，为政策制定提供一定的参考。

第一章 环境规制、FDI 与绿色技术创新的相关文献综述

第一节 绿色技术创新效率

绿色技术创新效率突破了传统技术创新的局限性，强调技术成果转化与生态环境之间的协调，是在有限自然资源及日益严苛的环境规制条件下获得市场竞争力的首要选择。现有文献关于绿色技术创新效率的研究主要集中于三个方面：一是绿色技术创新效率的测度问题；二是从研究层面分析绿色技术创新效率差异；三是对绿色技术创新效率影响因素的探讨。

一、绿色技术创新效率的测度

测度绿色技术创新效率的方法主要有单一指标测度、随机前沿分析（Stochastic Frontier Analysis，SFA）和数据包络分析（Data Envelopment Analysis，DEA）方法。其中，单一指标测度主要是以绿色技术创新成果为依据，利用绿色技术专利的单一指标衡量绿色技术创新效率的变化。例如，王峰正等（2018）立足于不同的创新对象，把绿色技术创新分为绿色产品创新和绿色工艺创新，并针对两种创新分别选取单一指标（政府质量、环境规制），研究其对企业绿色技术创新的影响。由于单一指标测度方法在测算过程中存在指标选取的局限性，不能全面反映绿色技术创新效率水平，因此该方法使用较少。有些学者通过随机前沿分析构造生产前沿面，使用距离函数测度决策单元（Decision - Making Unit，DMU）的相对

有效性。

在 SFA 方法的使用方面，肖黎明等（2019）对中国的绿色创新效率进行测度，并结合耦合协调度模型对绿色创新效率与生态福利绩效耦合协调度进行研究；何枫等（2004）对中国各地区的技术效率进行了测算，并分析其变化趋势。随机前沿分析方法是参数方法中的一种，需要事先设定生产函数形式，能够将误差项分解为随机误差项和技术无效率项，但是单一产出的局限以及函数设定的不当容易导致分析结果不准确。

DEA 则是基于非参数基础，直接通过样本构造生产前沿面，避免生产函数的设定，运用线性规划求解决策单元的相对效率值。由于 DEA 无须事先假定具体生产函数形式，相对于 SFA 更具优势，该方法在近些年来被广泛应用于效率或绩效的测度，通过 DEA 测度绿色技术创新效率的研究也层出不穷。在实际应用中，韩晶（2012）、孔晓妮（2015）等采用传统 DEA 方法测度了中国省域的绿色创新效率。但是，传统 DEA 方法强调投入与产出要素的同比例、同径向变化，这与现实情况不符。为克服传统 DEA 方法的不足，Tone（2001）提出超效率 SBM（Slack Based Model），冯志军（2013）、王惠等（2015）、吴新中等（2018）均利用该模型测评绿色创新效率，并根据所研究内容进行具体分析。随着 DEA 在绿色技术创新效率方面日渐完善，部分学者进一步考虑到绿色创新过程中存在系统自身内部运行机制和转化黑箱的细节后，提出基于创新价值链和网络 DEA 模型对效率进行测算和分解，将绿色创新看成由多个子阶段组成，并对总体效率产生影响（肖仁桥等，2014；Inge，2012；罗良文等，2017）。其中，Nasierowski 等（2012）运用 DEA 方法对绿色创新效率进行测算，通过 2005 年和 2009 年绿色创新效率结果分析了创新过程中绿色创新投入和产出。张江雪等（2012）运用四阶段 DEA 模型对 2009 年中国各省份工业企业技术创新效率进行了测算，发现东部地区平均技术创新效率高于中西部地区。

二、绿色技术创新效率的内容研究

相关研究主要集中于工业（李婉红，2017）、高技术产业（王惠等，2016）、重污染行业（王超等，2018）和污染密集型产业（Pedro 等，2006）等方面。具体到更加微观的企业层面，Pedro 等（2005）在环境约束下对葡萄牙1429家制造业企业进行研究，发现企业规模和出口总额对企业创新绩效具有正向影响。Amore等（2016）采用1976—1995年美国上市公司数据分析公司治理与绿色创新之间的关联。陈庆江（2017）利用2011—2014年沪深两市A股964个制造业上市公司对企业技术创新进行了探讨。还有一些学者从城市或区域空间层面对绿色技术创新进行了研究，其中，易明等（2018）对长江经济带43个城市的绿色创新效率进行测算，并对其影响因素进行分析。肖黎明等（2017）研究了基于空间梯度的中国地区绿色技术创新效率变化趋势，对不同梯度地区的绿色技术创新效率进行了考察。另外，一些学者研究了绿色技术创新产出的空间分布和演化格局。其中，Rosenstein（1943）和Nurkse（1953）认为空间格局会走向均衡化发展，并把其归因于生产要素在区域间的流动，也就是各区域的发展程度最终因生产要素的区域流动而走向趋同。国内学者付帼等（2016）分析了中国省域绿色创新的空间格局演进。高广阔等（2018）对京津冀地区高耗能产业的绿色创新效率进行了测度，并运用空间统计方法探索了京津冀地区绿色创新效率的空间分布特征。杨树旺等（2018）研究了长江经济带绿色创新效率的时空分异特征，并对其驱动机制进行回归分析。这些学者均在一定程度上证明了空间溢出效应的存在。

在对绿色技术创新效率影响因素的探讨方面，学者们分别从市场供需、绿色创新主体、国际视角、区域视角等角度进行分析，主要研究了环境规制、政府行为、技术转移、研发投入、外商直接投资等因素对绿色创新效率的影响。更进一步，可将绿色技术创新效率的影响因素分为外部环境因素和内部驱动因素。外部环境因素有制度环境因素，如所有制结构（李政等，2016）、市场化水平（王保林等，2015）。从能源和产业结构看，以高能耗、高污染为特征的产业结构制约创新效率的提升，促进产业结构合理化有利于经济与环境的协调发展（姚西龙等，2014）。基于国际贸易角度，罗良文等（2017）运用省级面板数据通过空间面板模型发现国际研发资本比国内研发资本更好地促进了中国绿色创新效率，国内研发资本因投入结构失衡以及低效率问题阻碍了绿色创新效率的提高。李香菊等（2018）构建了地区竞争、环境税与企业绿色技术创新框架，研究发现地区竞争和环境税对企业绿色技术创新的影响都呈现倒“U”形，企业研发人员占比也对绿色技术创新存在一定影响。影响绿色技术创新效率的内部驱动因素主要与技术创新的主体企业内部管理和自身特征息息相关，如企业规模大小（Chen 等，2004）。

第二节　环境规制与 FDI

归纳现有文献，学者们主要从环境规制如何影响 FDI、FDI 如何影响环境规制和环境规制与 FDI 两者因果联系三个角度论证环境规制与 FDI 间的关系。

一、环境规制对 FDI 的影响

从目前的研究文献来看，关于环境规制对 FDI 影响的结论并不相同。其中吴玉鸣（2007）认为，环境规制对中国 FDI 引入具有抑制效果。陈刚（2009）支持该观点，认为地方政府为了引进更多的外商投资会降低环境标准，最终使中国成为外商企业的“污染避难所”。张晓莹（2014）运用 Logit 模型和 2003—2011 年 113 个国家对中国直接投资实证分析得出，环境规制差异与直接投资发生概率负相关。杨军等（2016）通过对中国 29 个制造业行业的面板数据进行实证检验发现，环境规制强度越高制造业 FDI 流入越低，通过门槛效应分析得出严格的规制政策阻碍制造业 FDI 流入。唐杰英（2017）将环境规制分为环境政策和执行力度两个方面，分别研究了两者对于不同性质、来源和污染程度 FDI 的影响，通过实证研究发现环境规制只对高排放、港澳台企业、非独资企业产生负向影响。还有一些学者得出了相反的结论，如 Friedman（1992）认为环境规制对外商直接投资的进入具有积极的促进作用，Dean（2005）提出环境规制强度的提升反而促进了资本的流入。张中元等（2012）通过对中国 39 个工业行业相关数据研究发现，环境规制强度提高有利于 FDI 垂直技术溢出。最后一种观点认为，环境规制对 FDI 影响非线性或不确定。陈红蕾等（2006）分析得出 FDI 进入中国后并未出现明显污染转移现象，曾贤刚（2011）通过实证研究证实了这一观点。惠炜等（2017）以环境规制强度为门槛变量的实证结果表明，中国的 FDI 所存在的“污染避难所”效应除了与污染排放相关，还与各地区环境规制强度不同相关。王兵等（2019）分析了环境规制的成本效应，在测度中国 1999—2015 年 30 个省份的环境规制成本的基础上，探讨了环境规制对 FDI 的影响，得出在环境规制下实际 FDI 增速“先升后降”的结论。

二、FDI 对环境规制的影响

早期学者们一直将环境规制视为外生变量，很少考虑其内生性，而考虑现实情况，FDI 的引入将会在一定程度上影响当地环境规制政策的制定和应用。Coleet 等（2006）运用博弈模型，建立 FDI 与政府间三阶段博弈，论述了 FDI 在不同阶段对环境规制标准制定的影响。由于政府相关部门在制定环境标准时需要考虑多方面因素增强居民的“福利效应”，而 FDI 的进入使竞争增强导致环境标准上升，为了获得较低的环境进入标准，外资会增加对相关部门的贿赂，而“贿赂效应”和“福利效应”两者相互作用最终决定 FDI 对环境规制作用的正负。关于 FDI 对环境规制的影响效果，目前同样存在争议。其中，沈坤荣等（2011）选取中国 30 个省份为研究对象，发现 FDI 对中国不同地区环境污染的影响程度不同。苏梽芳等（2011）提出，尽管 FDI 引入促进了清洁技术的提升，但随着 FDI 的不断增加和国内经济发展水平的不断攀升，最终将导致 FDI 对环境的污染。史青（2013）从政府廉洁角度出发，选取中国 1999—2007 年省级工业面板数据，运用联立方程模型研究了 FDI 对环境标准制定的影响，并得出 FDI 对环境标准的影响受当地政府廉洁程度影响的结论。与以上观点不同的是，Keller（2004）认为外商直接投资能够提高投资国技术水平，最终改善当地环境。彭文斌等（2010）通过实证研究也证实了 FDI 对环境规制强度提升的正向影响。

三、环境规制与 FDI 的关系

无论是环境规制对 FDI 的影响，还是 FDI 对环境规制的影响，都间接地显示出两者之间存在相互作用，国内学者应瑞瑶等（2006）提出中国环境规制与 FDI 之间符合“污染避难所”假说。綦建红等（2007）将中国区域进行划分，并指出不同区域环境规制与 FDI 之间关系存在差异，其中，中部地区表现为正相关关系，东、西部地区表现为负相关关系。曾贤刚（2010）选取中国30个省份1998—2008年面板数据，研究了环境规制与外商直接投资间的关系，发现环境规制对外商直接投资具有一定的负面效应但二者并无因果关联，得出“污染避难所”假说在中国并不成立的结论。刘朝等（2014）从工业总体和分行业两个角度分别从长、短两个时期研究了环境规制强度与FDI的关系，得出环境规制与FDI间的互动机制存在差异性，其中在高污染、低R&D强度产业，环境规制对FDI存在明显短期效应，在高技术密度、低垄断、低规模产业，FDI对环境规制存在明显短期效应。

第三节　环境规制、FDI与绿色技术创新效率

一、环境规制对绿色技术创新效率的影响

关于环境规制对绿色技术创新效率的影响，争论一直存在。一方面，由于环境污染具有较强的跨界流动性和负外部性，各地区在实施环境规制政策时面临着周边地区“搭便车”行为。地方政府间的“逐底竞争”导致地区之间通过降低环境规制强度来获取经济利益，从而降低环境的治理效率（吴伟平等，2017）。国家或地区的政策性行为使工业企业在面临环境规制时，会选择把污染转移到邻近管制较宽松区域，造成技术的外溢和污染的转移，尽管这种“零和游戏”在短期内可以减少污染，但长期来看有可能阻碍绿色技术创新效率的提升（郭进，2019）。另一方面，随着经济新体制、新形势的来临，地方政府为了增强本地的竞争优势，通过实施环境规制倒逼企业在生产技术领域转型升级，合理的环境规制通过“创新补偿”抵消“遵循成本”达到“倒逼减排效应”，促进绿色技术创新效率的提升（王国印等，2011）。已有关于环境规制对绿色技术创新效率影响的分析，多侧重绿色技术创新本身，因此，本部分先分别论述环境规制对绿色技术创新的促进、抑制和不确定性关系研究，随后进一步论述异质性环境规制对绿色技术创新效率的影响研究。

（一）环境规制促进绿色技术创新

关于环境规制对绿色技术创新的促进，最为著名的理论为 Porter（1991）所提出的“波特假说”。该假说认为，政府适当的环境政策设定，能够激励企业在管理和技术方面创新。“波特假说”反对以新古典经济学为代表的主流学派将环境保护与经济发展割裂开来考虑，认为两者不能兼容的观点。1995 年，Porter 进一步对其假说进行了详细阐述和补充说明，从技术创新角度论证了环境规制与企业竞争力的关系，主要包括以下内容：在波特看来，主流经济学派之所以反对他的观点，主要原因在于他们把企业的竞争模式假设为静态的，但现实情况却与假设情况不符，企业时刻处于动态的竞争环境之中，伴随着生产技术、投入要素组合的变动而变动，导致环境保护的重点在于最终结果，因此，需要用动态的眼光来考虑环境规制与企业竞争力的关系。根据波特的观点，尽管短期来看，严格的环境政策将会导致企业生产成本的增加从而降低企业的竞争力，但长远来看，管理和技术的革新会通过“创新补偿”抵消治理污染的费用，最终使企业获得更大的竞争优势。

随着学者们对环境规制研究的深入，“波特假说”得到了更进一步的完善，其中，Jaffe 等（1997）将其划分成狭义波特假说、弱波特假说和强波特假说三种类型：狭义波特假说认为，环境政策的制定只需考虑污染的最终结果，可以忽略过程的重要性；弱波特假说考虑环境相关政策对企业发展的影响，认为只有满足企业的利润最大化这一目的，环境规制的创新作用才能够被激发；强波特假说认为，实施环境政策能够刺激企业技术创新，最终给企业带来超额利润。Xepapadeas 等（1999）提出 X－Z 模型，使用污染税衡量环境规制水平，使用机器时间衡量技术水平，得出实施环境税收有利于企业更新设备和降低污染排放。随后，Montero（2002）在其模型设定的基础上，引入规模经济外部性这一假设，同样得出环境规制的实施能够在对污染排放产生抑制作用的同时提高企业的生产效率，充分证实了“波特假说”的可靠性。Larnbertinia 等（2012）在改进双寡头模型的基础上进一步划分能使波特假说成立的区域范围，并提出“囚徒困境”适用于该假说。张倩等（2013）基于规制经济学过程中的博弈研究基础构建博弈论模型，研究了政府在实施排污税情况下与企业间的博弈。Nakamura

等（2001）运用效用最大化模型测度和分析了日本企业环境规制与经济效益之间的关系。

在实证研究方面，Lanoie（2007）对 Jaffe 等（1997）所提出的狭义波特假说、弱波特假说和强波特假说进行了实证检验，验证了弱波特假说所提出的满足企业的利润最大化这一前提条件，环境规制的创新作用将被激发这一观点。Lanjouw 等（1993）对德国、日本、美国和巴西进行了研究，认为增加环境规制相应支出将有利于专利申请率提升，这一观点也被 Bhatanger 等（1998）证实。黄德春等（2006）运用 Robert 模型，通过技术系数测算证实了环境规制对绿色技术创新的激励作用，提出企业的竞争优势取决于其动态技术创新能力。随着对环境规制研究的逐渐深入，不少学者深入研究了不同环境规制强度对绿色技术创新的影响，比如，Frondel 等（2007）提出严格的环境规制政策更加有利于促进企业的绿色技术创新，国内学者贾军等（2014）、王锋正等（2015）分别从区域视角和产业视角对这一观点进行了验证。

（二）环境规制抑制绿色技术创新

新古典经济学派的观点与“波特假说”相反，认为环境规制阻碍绿色技术创新。其中，Simpsonet 等（1996）提出，企业生产经营的最终目的是实现利润最大化，如果企业增加治污成本后可以依靠新技术提升效益，那么，想要获得更高利润的企业就会主动增加治污成本，并不需要实施环境规制这一过程。Goulder 等（1999）将技术进步引入模型，分析了“诱导型”技术进步对二氧化碳相关排放政策的作用，并通过一般均衡模型进一步印证了不同行业对于二氧化碳相关排放政策的影响。随后，Acemoglu（2012）基于其研究内容，将“诱导型”技术进步引入其环境约束模型中，通过构造两部门经济增长模型，研究异质性环境规制、政府税收、政府补贴等因素对技术进步的影响，并证实了在清洁部门中临时环境政策的有用性和在非清洁部门中市场机制作用下绿色技术创新投入的转化。Fischer 等（2013）以内生技术增长为研究前提，强调绿色技术创新过程中的路径依赖特征，并得出临时环境规制实施对清洁技术的创新作用。赵细康（2006）从两个方面论证了环境规制对绿色技术创新的抑制作用：①污染治理投资将会增加企业成本从而挤出企业其他生产性投资；②规制工具的使用将会加大企业生产难度，进而抑制绿色技术创新。

在实证研究方面，Brunnerrneieret 等（2003）研究了 1983—1992 年美国制造业创新环境对减少污染的影响，并得出创新环境在促进污染支出增加的同时，并没有对环境监管提供额外激励。Gray（1987）选取 1958—1978 年数据，研究环境政策对美国制造业企业生产效率的影响，结果证实实施环境规制政策抑制了生产效率的提升。Jaffe 等（1995）研究结果表明，实施环境规制将会导致企业投入更多的成本用于减少污染排放，而"挤出效应"的存在将导致企业生产投资的减少，最终将不利于生产技术的提升。Marcus 等（2007）运用二元离散模型，实证分析了德国制造业环境政策对绿色创新的影响，结果表明环境政策抑制了绿色创新。郭进（2019）构建中介效应模型证实通过收缴排污费和环境保护财政支出可以倒逼企业进行绿色技术创新，但过于严格的处罚手段将阻碍绿色技术创新。

（三）环境规制与绿色技术创新之间具有非线性关系

还有一些学者提出环境规制与绿色技术创新之间并不是简单的线性关系。其中，吴清（2011）基于 2001—2009 年中国 30 个省份面板数据，实证得出环境规制对企业技术进步的影响不显著。李玲等（2012）按照污染排放强度将 28 个制造业产业分为三个等级，利用面板数据分析了中国 1999—2009 年环境规制强度和绿色全要素生产率之间的关系，并通过"U"形关系判断和拐点分析重度、中度和轻度制造业产业所面临的问题。杨秋月等（2017）运用 2006—2016 年中国 30 个省份面板数据，在对工业企业绿色创新效率进行评价的基础上，把中国划分为东、中、西三个区域，考察不同区域环境规制与工业企业绿色创新效率的关系，结果表明，全国和东部地区为显著的"U"形关系，东西部地区环境规制对工业企业绿色创新效率影响不显著。Guo 等（2017）运用 SEM – DEA 模型，探究了环境规制、技术进步和绿色经济效率三者间的关系，认为环境规制对绿色经济效率的影响存在不确定性。许慧等（2018）以二氧化碳排放数值为门槛变量，检验了中国环境规制与绿色创新效率之间的关系和异质性，研究结果表明，低碳行业的环境规制促进绿色创新效率提升，高碳行业环境规制与绿色创新效率之间呈倒"U"形关系。张娟等（2019）分别从微观层面和宏观层面研究了环境规制对绿色技术创新的影响，并从宏观角度证实了环境规制与绿色技术创新产出之间的“U”形关系。

二、异质性环境规制对绿色技术创新效率的影响

随着学者们对环境规制与绿色技术创新效率之间关系研究的深入，加之不同国家或地区在实施环境规制过程中所形成的侧重点差异，越来越多的文献对环境规制的类型进行了进一步详细划分。其中，Kemp（1997）将环境规制政策大致分为命令控制手段（比如市场准入、技术规范）、市场手段（比如排污权交易、污染收税）和协商手段（比如信息披露）三种类型。哈密尔顿（1998）将环境规制政策大致分为利用市场手段的环境规制政策工具（比如庇古税、专项补贴等），建立市场手段的环境规制政策工具（比如资源产权界定、可交易排污权等），利用环境法规的环境规制政策工具（比如环境法规、标准等），动员公众的环境规制政策工具（比如广告、宣传等）。在具体的分析中，多数学者将环境规制工具分为命令控制型环境规制、市场激励型环境规制和公众参与型环境规制三种类型，并对其影响效果进行对比研究。例如，Downing 等（1986）指出，市场激励型环境规制政策工具比命令控制型环境规制政策工具对企业绿色技术创新的激励效果更佳；国内学者贾瑞跃等（2013）通过对企业绩效的研究也提出了相应观点。Jaffe 等（1995）认为具有命令控制性质的环境规制政策工具，比如，控制、禁止等政策的重点仅仅偏向于生产环节的末端，而缺乏对新技术和新应用的推广。姚林如等（2017）从福利最大化角度构建了不同类型环境规制的分析框架，比较分析了命令型环境规制、市场型环境规制对企业绩效的影响，并提出相关的政策建议。在具体的实证分析中，成德宁等（2019）分析了三种类型环境规制政策工具对地区产业竞争力的影响并研究了其空间溢出效应，结果表明，命令控制型环境规制工具抑制区域产业竞争力，隐性环境规制政策工具促进地区产业竞争力，市场激励型环境政策工具对产业竞争力影响不显著。

还有一些学者基于研究视角的不同对环境规制进行了其他类别的划分，比如一些研究将其分为费用型环境规制和投资型环境规制两种类型。例如，原毅军等（2013）将环境规制划分为费用型和投资型两种类型，分

析两种类型环境规制政策工具对企业技术创新的影响。张平等（2016）同样将环境规制划分为费用型和投资型两种类型，并检验两种类型环境规制工具对企业技术创新的影响，进一步对“波特假说”进行了验证。

基于环境规制工具对绿色技术创新的影响，Jung 等（1996）分析了在提升污染治理技术过程中企业所获得的额外收益，并证实了对污染征收税费更加利于促进创新。许庆瑞（1995）在对浙江 50 多家企业进行分析后发现，由于政府相关部门所收取的排污费用较低，远不及企业技术创新所花费的成本，企业为了自身利润最大化会选择缴纳较低的排污费用而不愿创新，因此只有国家强制实施的政策法令才能使企业进行外部环境创新。许士春等（2012）运用企业最优规划模型，分别研究了污染税、可交易污染许可、污染排放标准和减排补贴对企业技术创新的激励效果，结果显示完全遵守的污染排放标准的效果最优。Acemoglu 等（2012）认为单一污染排放费用的实施不能同时促进科技研发和污染减排，政府相关部门应该同时采取科技研发补贴等相关手段激励创新和鼓励减排。马富萍等（2011）认为，环境规制政策的合理设置和正确使用，能够促进企业绿色技术创新水平的进一步提升，并提出市场激励型和自主型环境规制能够促进企业技术创新。李斌等（2016）将非期望产出纳入全要素能源效率测度框架，基于动态面板系统 GMM 实证了不同类型环境规制对中国工业能源效率的影响。宋爽（2017）认为造成差异的原因在于区域发展过程中的阶段性差异，进而造成了环境保护目标的不同，提出需选择合适的规制工具和规制强度来提升绩效。

三、FDI 与绿色技术创新效率

关于外商直接投资的争论主要集中在“污染避难所”和“污染光环”两个假说上。“污染避难所”假说认为发展中国家为了快速发展本国经济，通过降低环境标准以及提供优惠政策吸引外资流入，将“肮脏”（高耗能、高污染）产业引入国内，从而加剧了本国环境污染，形成了污染的空间转移。“污染光环”假说则认为 FDI 能够带来先进生产和环境技术，减少企业自身污染排放，同时，通过示范效应、学习效应和技术溢出效应降低本地甚至区域整体环境污染水平（Letchumanan et al.，2000）。两种截然相反的结论也在众多文献之中得到佐证（Jefferson et al.，2002）。由于FDI对中国绿色技术创新效率的影响受技术、市场、环境等多种因素的共同影响，相互作用过程的复杂性使其对绿色技术创新效率的影响具有非线性特征。因此，本部分将分别论述FDI对绿色技术创新效率的提升、抑制和不确定性关系。

（一）FDI提升绿色技术创新效率

在证实“污染光环”这一假说的论述中，一些学者认为，FDI的技术溢出效应提升了东道国的创新能力和效率。如Girma等（2004）证明了FDI的引入有助于东道国创新能力的提升。李晓钟等（2007）利用1995—2006年江浙地区实际利用FDI数据，证实了FDI对区域技术创新能力的促进作用。邓路（2009）通过对中国1999—2007年高技术产业的实证研究，证实FDI的正向溢出促进了国内企业自主创新能力的提升。符淼（2009）运用空间模型分析得出，FDI具有显著的溢出效应且超出东道国引进FDI对国内企业所产生的挤出效应，最终能够促进东道国创新能力的提升，并指出是FDI的有无而不是FDI的数量决定了这种正向溢出效应。李金凯等（2017）构建了FDI对环境污染的面板平滑转移（PSTR）模型，证实了FDI通过示范、溢出和竞争效应提升了中国环保技术水平，支持了“污染光环”假说。李政等（2017）重点考察了FDI对中国区域创新效率的影响，并分析了东、中、西部地区创新效率的区域差异性。罗良文等（2017）运用省级面板数据，通过空间面板模型研究发现国际研发资本比国内研发资本更好地提升了中国绿色创新效率。

（二）FDI抑制绿色技术创新效率

在证实“污染避难所”这一假说的论述中，一些学者认为，FDI的技术溢出效应会抑制东道国的创新能力和效率。其中，Lee（2006）对16个OECD国家进行研究，根据实证分析得出外向的FDI对国际知识溢出的作用效果为负。Ruane等（2005）研究指出，没有显著的证据表明企业层面的FDI能够促进技术创新效率的提升。蒋殿春等（2005）运用中国1998—2002年面板数据实证得出，引入FDI造成的东道国企业竞争加剧吞噬了国内企业的市场，打击了企业的创新积极性，最终导致国内企业在创新过程中处于劣势。平新乔等（2007）从三个层次分析了FDI对中国企业溢出效应的影响，证实外资企业并没有对中国本土企业产生积极的技术净溢出，反而抑制了中国本土企业科技创新水平的提高，进一步增大了其与世界先进国家企业的差距。范承泽等（2008）从理论分析入手论述了 FDI 对中国自主研发投入的补充和替代作用，并实证了 FDI 对中国科技研发投入的负向净作用。成力为等（2010）在基于 DEA 的 Malmquist 指数法生产率模型测算中国高技术产业创新效率的基础上，运用动态面板模型验证了引进不同质量 FDI 的影响，结果显示，低技术特征 FDI 抑制创新效率的提升，高技术特征 FDI 对创新效率的提升无影响。

（三）FDI 对绿色技术创新效率的异质性影响

一些学者认为，FDI 对东道国创新能力的影响是一个复杂的过程，需要综合各方面因素，包括 FDI 类型、东道国本身发展特征、人力资本水平等（Kavita，2003）。例如，余泳泽（2011）分别研究了 FDI 对企业、科研机构和高校等具有创新能力机构的影响，发现 FDI 仅影响了企业和科研机构的科技创新而对高校的创新无显著影响。潘申彪等（2009）运用修正的 A－J 模型分析了 FDI 对内资企业技术创新的影响，认为 FDI 的技术溢出对内资企业创新能力的提升具有"门槛效应"，只有越过门槛才能促进企业技术创新。刘叶等（2016）采用元分析方法研究了 FDI 的环境效应，提出 FDI 环境效应在实际分析中被显著高估，而在忽略要素禀赋和环境规制两个因素的共同作用后，FDI 环境效应被低估。屈海涛（2018）将 FDI 的技术溢出分解为示范、竞争、流动和关联四种效应，通过问卷调查的形式，研究了四种不同效应下 FDI 技术溢出对企业绿色创新的影响，结果显示，示范和关联效应对企业绿色技术创新的影响显著，竞争和流动效应对企业绿色技术创新的影响不显著。

根据以上分析可以看出，现有文献通常以环境规制为视角，将 FDI 与绿色技术创新置于同一分析框架研究三者之间的问题。比如，刘斌斌等（2017）以 2008—2014 年中国省级面板数据，研究了 FDI 通常习惯于选择何种形式进入环境规制强度不同的地区。结果表明，在环境规制较强地区，FDI 更倾向于以合资方式进入并促进地区绿色技术创新效率的提升；在环境规制较弱地区，FDI 更倾向于以独资方式进入并促进地区绿色技术创新效率的提升。徐健中等（2018）将命令控制型和市场激励型环境规制政策工具引入FDI对绿色技术创新的非线性面板门槛模型，研究了我国不同区域绿色技术创新的复杂非线性关系，结果显示中国东部地区的绿色技术创新水平高于中西部地区。

第四节 文献评述

通过上文对已有研究的评述，可以发现以下问题：

（1）尽管目前对绿色技术创新效率的测度，在传统DEA方法基础上改进建立了多阶段分析方法和基于创新价值链的网络DEA模型，但未能尽善尽美，要么将各阶段看成独立的子片段，忽略各子片段关联性，要么考虑了阶段的关联性而将环境负产出作为投入指标进行处理（这样做不符合生产逻辑），抑或是在测度模型中忽略投入过多及产出不足的松弛问题，而且对于决策单元（DUM）同时处于相对有效时无法进行排序比较问题也未加考虑。

（2）学者们研究了环境规制或FDI对技术创新或绿色技术创新效率的影响，结果皆存在分歧。不可否认的是，不同国家的不同制度体制、区域差异化政策、微观企业行为产生了一定的影响，但立足于中国自身国情，研究结果的对立性依然清晰，国家或地方政府在制定政策时不加以甄别而付诸实践容易造成政策偏误。尽管现有文献中关于三者之间关系的研究颇为丰富，但依然存在诸多不足：①多数研究将三者割裂开来而没有从整体角度进行综合考察，仅考察两两之间的关系，容易带来结果偏差。②空间外溢效应被忽视。地区在经济增长和环境保护之间难以权衡，“追逐到底”的存在迫使地区在追逐利益动机下随其他地区环境政策改变而做出相应改变，FDI的流入不仅存在污染和技术双重效应，污染空间流动和技术知识周边扩散也需兼顾，现有文献基于传统回归或是非线性回归未能全面顾及现实情况，即使考虑到空间效应，也仅仅从技术创新或绿色技术创新效率本身的溢出效应考察，而非环境规制、FDI流入引致的邻域空间外溢效应，使研究的结论具有争议。③我国环境规制政策并不是单一、确定的，不同类型环境规制对地区FDI进入方式存在不同影响进而导致绿色技术创新效率影响存在差别，而且不同地区实施环境规制政策效果也存在异质性，需要差别看待不同环境规制效果并因地制宜实施地方环境政策。

基于以上研究，本书从以下研究视角切入：

（1）现有文献对提升绿色技术创新效率方法的研究存在不足，例如以绿色技术发明专利数量单一指标衡量的不足、随机前沿函数方法中函数设定的误差，以及现有DEA方法测度的不完善。本书将考虑技术创新的阶段性过程，同时将环境坏产出、阶段的关联性和效率值为1的不可比问题考虑其中，建立两阶段超效率网络SBM－DEA模型，使得测算结果更加精确。

（2）在对中国工业绿色技术创新效率进行测度的基础上，首先单独研究异质性环境规制、FDI对中国工业绿色技术创新效率的影响，为下文整体研究两者相互作用下的异质性环境规制、FDI对中国工业绿色技术创新效率的影响做铺垫。

（3）将异质性环境规制、FDI放入统一框架中，研究其对绿色技术创新效率的影响，在考虑空间外溢效应的情况下，建立更贴近现实的空间面板模型。首先，考察不同环境规制类型对FDI的影响差异，鉴于环境规制与FDI不仅仅是简单的线性关系，建立两者非线性门槛模型；其次，将异质性环境规制、FDI以及两者交互项引入同一模型之中；最后，对不同类型环境规制效果进行验证，厘清异质性环境规制、FDI对绿色技术创新效率影响的深层关系，为政策制定提供一定的参考。

第五节 本章小结

本章在已有研究基础上，分别从绿色技术创新效率测算、研究层面及影响因素，环境规制与FDI的相互影响，环境规制、FDI与绿色技术创新效率三者之间的关系等方面进行了相关文献的梳理总结，通过对这些相关问题的梳理，发现前人研究的成果与欠缺，为本书的进一步研究打好基础。

第二章　环境规制、FDI 与绿色技术创新效率的理论分析

第一节　理论基础

一、市场失灵理论

市场失灵指在实际生活中垄断、外部性、公共物品、产权问题等造成的市场资源配置低效率现象。而环境作为公共物品，具有非竞争性和非排他性特征，在市场机制不够健全情况下很容易导致资源低效率使用，造成市场失灵现象的发生。通常情况下，环境污染存在外部性，信息不完全导致环境相关问题的交易费用较高。Panayotou（1993）认为，资源环境方面的市场失灵主要包括污染的负外部性、公共物品属性和产权不确定性，本书将参考以上观点逐一论述。

（一）外部性理论

"外部性"这一概念最先由经济学家马歇尔在 20 世纪初提出，随后福利经济学家庇古对环境污染的负外部性进行了进一步研究并在其著作《福利经济学》[①] 中形成外部性理论。外部性可分为正外部性和负外部性两种，如果某个经济主体的行为对其他经济主体的福利产生正面影响却不用承担其所带来的损失，这种情况为正的外部性，否则为负的外部性。

① 《福利经济学》(*The Economics of Welfare*)，是在 1912 年出版的《财富与福利》一书基础上加工改写而成的，被誉为"福利经济学产生的标志"。

而环境污染就具备典型的负外部性特征（对于环境污染者来说，其污染行为对其他利益主体产生的负面影响并不需要承担损失）。庇古最早提出通过税收这种形式解决环境污染的负外部性问题，这种税被称为“庇古税”。他认为，对于个体行为人来说，其利益最大化的最终行为目标使其在考虑经济问题时只关注自身经济利益，最大限度地利用公共资源而忽视环境使用过程中过度开发破坏所引起成本转移至其他行为主体所带来的负外部性和总体社会效率降低的问题。庇古提出，应该对比私人边际收益与个人边际收益解决以上问题，即当私人边际收益大于（小于）社会边际收益时，应该对私人部门进行收税（补贴）来实现私人成本与社会成本的均衡。

（二）公共物品理论

1793 年，休谟最先提出这一理论，随后，经济学家亚当·斯密等对其进行了深入探讨，并对公共物品进行了概念界定，进一步划分了其性质类型。所谓公共物品，是与私人物品相对应的概念，指个体在对某些物品和服务进行消费的同时并不能减少其他个体的消费行为，像水、空气、国防等都属于公共物品。公共物品具有非竞争性和非排他性两个主要特征，其中，前者表现为经济主体对于一种商品或服务的消费并不影响其他经济主体的消费，所有经济主体都可以享受到该商品或服务而不用付出额外成本，后者表现为经济主体对于一种商品或服务的消费并不能阻止其他经济主体享受该物品的好处，也就是任何人都可以享用这一公共物品。公共物品的非竞争性和非排他性可能会导致以下问题：第一，“搭便车”行为。即经济主体不用付出任何成本就可以享用公共物品，最终导致整体利益降低。第二，偏好的不真实显示。由于消费者是单独的个体，每个个体的偏好具备差异性，其对公共物品的需求偏好不真实呈现，会影响对公共物品总体需求和偏好的判断，导致政府失灵。而环境经济学中的环境多属于公共产品，具备公共产品的基本性质，仅仅依靠市场自身调节很难达到总体效益最优。第三，企业污染的非排他性导致缺乏对企业投资公共物品的激励机制，进而导致市场失灵，需要政府等相关部门的干预。

（三）环境产权理论

1960年，科斯在其著作《社会成本问题》[①] 中提出环境产权理论，认为在零交易成本或较低交易成本情况下，只要产权界定清晰，资源最终的配置结果都将会是有效率的，这一理论被称为“科斯定理”。科斯指出，只要交易成本足够小，不论将最终产权赋予谁，只要谈判和交易能够进行，最终政府无须干涉就会达到社会最优结果。然而在现实生活中，交易费用为零或极低的假设几乎不能实现，随后科斯又进一步提出根据能否降低交易费用判断产权制度的合理性，这一理论被称为“科斯第二定理”，该定理揭示，产权的合理分配可以使资源配置接近甚至达到帕累托最优。产权是经济所有制关系的法律表现形式，它为研究造成环境破坏的相关制度提供了理论基础。目前，理论界关于资源环境相关产权的观点并未达成一致，一些学者认为明晰的产权将有益于资源配置解决环境问题的负外部性，然而还有一些学者对此提出质疑，认为环境领域产权不清晰、受限等现象的存在使得一些约束、激励等功能弱化，造成产权失灵现象。

二、技术创新理论

1912年，经济学家熊彼特在其著作《经济发展理论》[②] 中首次提出“创新”这一概念，但由于同时期凯恩斯主义盛行，受凯恩斯主义相关理论的影响，“创新”这一理论在很长时期未得到重视，一直到20世纪50年代，科学技术的不断创新成为促进经济飞速发展的重要因素，技术创新才得到重视。20世纪70年代以来，门施、弗里德曼等运用现代统计方法对熊彼特的观点进行验证并进一步发展了熊彼特的创新理论。在熊彼特看来，所谓创新，就是要“建立一种新的生产函数”，也就是通过将

① 《社会成本问题》于1960年发表，重新研究了交易成本为零时合约行为的特征，批评了庇古关于“外部性”问题的补偿原则（政府干预），并论证了在产权明确的前提下，市场交易即使在出现社会成本（即外部性）的场合同样有效。

② 即《经济发展理论——对于利润、资本、信贷、利息和经济周期的考察》。此书最先以德文出版于1912年，修订再版于1926年，越数年又重印了德文第三版。1934年，以德文修订本为依据的英译本，由美国哈佛大学出版社出版，被列为“哈佛经济丛书”第46卷。

新的生产要素和生产条件引入生产体系，最终达到对生产要素或生产条件的重新组合。熊彼特认为创新分为五种情况：①采用一种对消费者来说的新产品或者挖掘已有产品的新特性；②在生产过程中采用一种新的方法或技术，这种方法或技术还未在有关制造部门中通过验证；③开辟产品新的出售市场，所谓新的市场是指未出现该产品的市场；④控制原材料供应来源；⑤改变原有组织方式，形成企业新组织。由此可以看出，熊彼特的创新既有技术创新又有制度创新，将创新延展到了经济、制度等多个领域。

关于创新的动力，熊彼特将其归因于企业家或企业本身，一方面，具有冒险精神和创造能力的企业家通过研究发现市场中的潜在利益并进行投资，在这一过程中依靠变换已有生产方式或者要素组合获得这种潜在利益；与此同时，创新利益的获得促进企业家进一步创新，以此实现良性循环。另一方面，由于企业家在经营企业过程中不仅具有利益追求，还会基于实现个人价值（包括征服他人的冲动、对名誉地位的渴望等）的目的进行创新，即企业家精神促进各类创新的进行。此时的创新可以看作企业家集体破坏后的再创造过程。

关于创新的实现路径，有熊彼特创新模型Ⅰ和熊彼特创新模型Ⅱ两种理论模型，其中熊彼特创新模型Ⅰ将技术进步作为推动经济增长的因素，强调创新是生产过程中内生的。这一内部过程可以简化为：垄断利润→R&D支出→知识存量增加→技术创新→新产品（新方法）→经济增长。而熊彼特创新模型Ⅱ将企业家作为创新主导因素，更加突出企业家的作用。追求超额利润的企业家对新生产体系进行探索，并将新的研究成果运用到生产过程中，改变了原有的生产模式，这种改变一旦获得成功，等同于产品的新的开发或生产方式被创造出来、新的垄断利润被企业家获取，与此同时，追随模仿的进入者会逐渐降低这种新的垄断利润，市场将面临重构。

三、新经济地理理论

1991 年，克鲁格曼在其文章《收益递增与经济地理》① 中初步对新经济地理理论进行探讨并在之后的著作中进行了进一步的深化。克鲁格曼主要研究了市场与区位的关系，通过设定“核心—外围”模型研究区域集聚形成的原因，并最终得出“规模报酬递增”是导致产业空间分布不均衡的原因。这一结论肯定了马歇尔的外部经济性思想，即经济活动会在地理位置上呈现集聚趋势。同时，克鲁格曼对产业集聚的形成过程进一步阐释，提出生产集聚由基本要素、中间投入品和技术的使用三个原因导致，而这三个原因均产生了外部性经济。

（一）劳动力市场的“蓄水池”效应

在某一特定区域某一产业的长期集聚可以逐渐吸引更多技术工人和同类型厂商，随着这一“蓄水池”效应的逐渐累积，企业通过规模效应和范围经济最终达到“规模报酬递增”。

（二）中间投入品效应

在某一特定区域某一产业的长期集聚还可以吸引提供特定产品和服务的供应商进入，并且随着时间的推移该区域的生产中心地位得到巩固。同时，规模的形成会吸引更多高效率供应商进入。

（三）技术的“外溢”效应

在某一特定区域某一产业的长期集聚和规模经济会促进新产品、新技术在该区域内部的流通和使用，那么相对于其他区域，该地区将更加容易获得正外部性效应。

创新的空间集聚过程可简单论述为：随着某一特定区域产业的集聚，越来越多的创新资源被吸引进来，促进了该区域这一领域知识储备的增加，同时由于生产存在链条，提供中间 R&D 产品的企业也会迅速发展，这些企业相互竞争并开发出具有异质性的中间产品，由此获得垄断租金并

---

① 1991 年，克鲁格曼在《政治经济学》杂志上发表了论文《收益递增与经济地理》（*Increasing Returns and Economic Geography*），对新经济地理理论进行了初步探讨，建立了基本的核心—外围模型。

促进规模报酬递增，创新空间的极化效果被进一步强化。与此同时，在这样的创新环境中，创新空间对中间产品的异质性偏好的技术外部性，促进整个产业链条的发展。

总的来看，一方面，某一特定区域可通过区域的产业间相互联系，并伴随着技术溢出和空间报酬递增促进创新集聚；另一方面，极化—扩散效应的多样性空间作用的存在导致了技术溢出与创新时空分异的形成。以地理空间为视角的新经济地理理论正是通过以上两个方面突出了创新空间集聚的重要意义。

四、效率理论

“效率”一词被用于不同学科和各个领域，特别是在经济学领域，经济效率更是被广泛提及。经济学视角下的效率指单位资源的投入产出比以及单位时间的产出比。总的来看，效率就是用来测度投入与产出关系的指标，其中，投入代表经济运行过程中原材料、土地等的资源禀赋，产出代表经济运行的成果，厘清经济运行过程中的投入产出，将有助于资源的更好利用。生产者在生产过程中通过对资源进行最优化的配置，以最小的成本追求最大的利润或者以特定产出追求最小成本。随着研究的深入，经济学家对效率的认识逐渐深入。他们最初认为效率仅包含生产和消费两个环节，但因为经济活动中交易费用和分配机制的存在，扩大了对效率的认知，认为效率同样存在于交换和分配环节。生产环节的效率所代表的含义是在有限投入下获得最大产出，消费环节的效率所代表的含义是理性的消费者如何实现个人效用的最大化，分配环节的效率所代表的含义是在技术水平不变情况下人们的付出能够得到相应的报酬，交换环节的效率所代表的含义是在市场的交易过程中如何合理安排交易来减少资源浪费。可以看出，生产、消费、交换和分配四个环节都需要效率的存在，在进行经济评价时将每个环节都考虑进来才能正确评价经济效率。

伴随着对经济效率研究的深入，越来越多的经济学家赋予其内涵。其中，Farrell（1957）① 以技术和配置两方面效率对经济效率进行了界定，其

① Farrell M J. The measurement of productive efficiency [J]. Journal of the Royal Statistical Society, 1957 (3): 253-290.

中技术效率代表实际与最优产出在现有条件下的距离关系，反映了已有技术水平下企业生产部门开发使用资源的能力，最优技术效率可以实现企业用最小的成本追求最大的利润或者以特定产出追求最小成本的目标；配置效率代表产出成果在最优投入要素时的数量，可将其分为宏观和微观两个层面，前者是指面对社会资源时的配置效率，后者是指企业生产过程中对投入品的使用效率。随后，还有一些学者认为规模效率对企业经济效率也起着重要作用。所谓规模效率，是指在其他比例条件（例如技术、要素组合）不变的情况下的最优规模状态。如果企业规模过大或过小，就会出现规模报酬递减或递增的现象，生产就不能达到最优，企业最终也不能获得最大化利益，只有企业在达到最优规模时，技术、配置效率才能达到最优。因此，只有将技术、配置及规模的效率都考虑进来，才能综合判断总体经济效率。目前，中国工业绿色技术创新面临着技术水平较低、资源短缺等一系列问题，分析投入产出效率是分析绿色技术创新效率的一个重要部分。

五、环境规制、FDI与绿色技术创新效率关系的理论

（一）波特假说

传统经济学认为，严格的环境规制会增加企业内部成本，最终影响经济增长。1991年，哈佛大学波特教授基于动态角度，提出合理的环境政策尽管提高了企业的生产成本，但与此同时能够激励企业进行绿色创新并最终补偿规制成本，使企业实现经济发展和环境保护的“双赢”，即波特假说（见图2－1）。

波特假说的基本观点有：①企业提升竞争力和保护环境可以双赢。在波特等学者看来，实现经济增长的同时保护好环境是可行的，企业提升竞争力和环保政策之间无直接联系。传统经济学仅仅以静态的视角分析问题，以企业在生产中的所有其他因素不变为假设前提实现成本最小，那么一旦加入新的环保投入，企业总生产成本必将上升并最终对企业的竞争力产生影响。在现实情况下，竞争力在世界范围内已演变成为以创新为基础的动态模式。一些研究已经证实，环保成本在企业总成本中所占比例较低，对企业竞争力产生的负向影响很小，同时，在波特等看来，具有持续

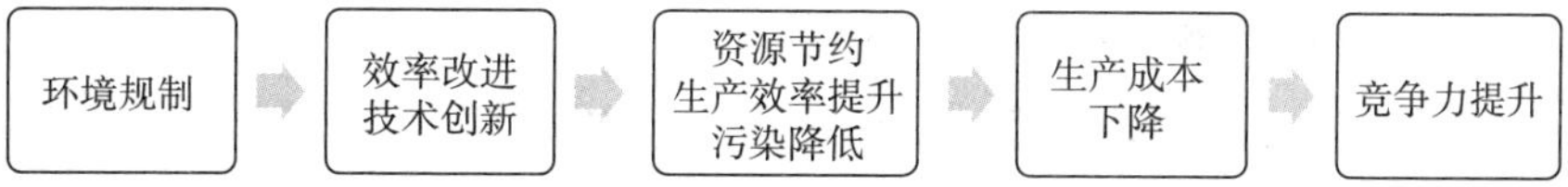

图2-1 波特假说基本思路

的创新能力和提升生产效率的竞争优势要好于仅仅追求较低的生产成本，环境规制的存在给企业的技术提升指明方向，所以，合理的环境规制政策在提升环境质量的同时也提高了企业竞争力。②基于创新和效率改进的动态角度注重环境政策。传统经济学对经济增长、环境政策和企业竞争力之间关系的研究是静态的，这与现实情况不符，而波特假说从动态的视角研究它们之间的关系。对于一个企业来说，它所面临的是外部环境时刻变化的状态，这些变化促使企业要素投入组合和技术的改进，因此，要从动态的视角对环境政策和企业竞争力进行评判。在短时间内，企业会为所遵守的环境准则付出相应的生产成本提升代价，但长期来看，由于环境规制的实施，企业在提升资源利用效率和环境保护方面对生产工业和技术的改进，会使环境规制所造成的成本增加这种负面影响随着技术创新和生产效率的提升而得到缓解并最终抵消；同时，由于消费者新消费理念的形成，这些更具竞争力的产品将给企业带来额外利润。③企业绿色创新的核心在于政府。波特假说提到，在环境规制政策实施初期，企业要面临成本增加所产生的不确定性，这会给企业带来悲观心理预期；另外，信息不完全、管理无效率等问题对最优决策形成产生阻碍，都需要政府的干预来激励企业绿色创新。一方面，政府相关环境保护政策的出台给企业提供了更明确的市场潜在机会，激励企业的环保投资积极性，降低了企业环保投资的不确定性；另一方面，严格的环境标准、灵活的市场、信息手段，有利于企业针对性地提升专门能力，最终做出正确决策提升自身的竞争优势。④合理的环境规制政策有利于绿色创新。在波特看来，具有一定严格性且合理设置的环境规制政策会刺激企业的创新行为，长期进行下去的创新补偿会抵消并超过环境成本，促进企业竞争优势形成。波特等对一些环境政策对企业的合理性提出评判标准，包含技术改进潜力、污染防治效益、持续创新能力等内容。

（二）环境库兹涅茨曲线（EKC）

EKC由普林斯顿大学教授Grossman等（1991）① 在研究环境、贸易与经济相关关系时提出，认为环境质量与经济增长之间存在着倒“U”形关系（在经济最初发展阶段，人均收入水平与环境退化水平呈现正相关关系，当人均收入达到某一拐点后，两者将变为负相关关系），见图2-2。EKC表明，在国家发展过程中环境会不可避免地恶化，但这种状况在社会达到一定的进步水平时会出现反转，即经济的持续增长会阻止环境的退化。EKC所揭示的道理是，国家或地区在经济增长过程中所造成的生态环境恶化只是暂时性的，这种暂时性会伴随着经济的持续增长并在其到达某一水平后最终实现逆转，生态环境最终将得到改善。随后，一些学者对其进行了深入研究，其中，Panayoutou（1997）、Sun（1999）等从经济增长的规模效应、结构效应和技术效应等角度对EKC进行了阐释；还有一些学者对FDI与环境污染之间的关系进行了研究，并证实了FDI与污染之间的负相关关系。总的来说，自EKC提出以来，围绕其是否存在、存在领域、环境规制、FDI是否会对其产生影响等问题的研究多方面展开。

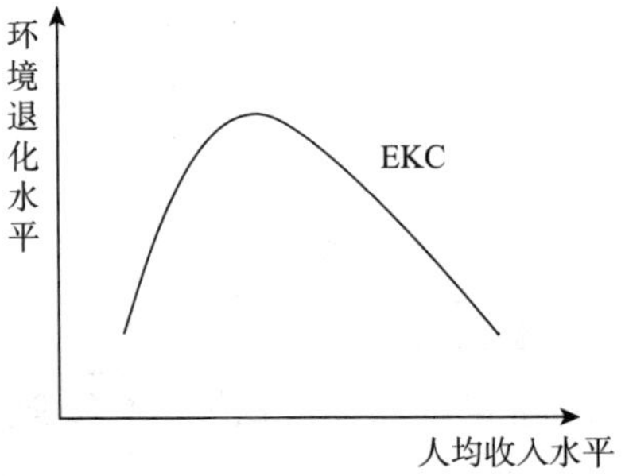

图2-2　环境库兹涅茨曲线

① Grossman G M, Krueger A B. Environmental impacts of a north american free trade agreement [R]. NBER Working Paper, 1991.

在支持者对其进行肯定的同时，另外一些学者也提出了质疑，认为EKC假设生态环境不存在“承载阈值”与现实情况中生态环境的承载能力有限不符。在现实情况中，生态环境的承载能力和自动修复能力是有限的，如果在拐点之前环境污染超过其“承载阈值”，那么，之后的环境问题就不能得到合理解决，因此提出需要政府实施环境规制政策进行强制干预，以此解决经济在增长过程中所面临的环保问题。还有些学者折中考虑了这些问题，认为EKC在一些领域是可以成立的，同时适当的环境规制政策同样必要，它的实施可以减缓环境损害速度，会使EKC峰值下降且更加平坦，并促进拐点更早出现。

（三）“污染避难所”假说

“污染避难所”假说（Pollution Haven Hypothesis，PHH）最早由Walter等（1979）[①]提出，随后被Baumol等（1988）[②]等进一步系统论证。该假说认为，全球贸易的自由化将会导致发达国家的企业为了减少治污费用，将高污染企业转移至环境标准要求较低的国家中去，并最终影响东道国的生态环境。与此同时，由于发展中国家的环境管制要求较低，在外商投资过程中最先被吸引投资进入东道国的将会是污染密集型企业。“污染避难所”假说表明了FDI与环境污染之间的互相作用，即环境管制相对较宽松的地区将会吸引污染密集型产业的FDI流入，这些产业的流入将会进一步污染东道国的生态环境，更甚的是，国家或地区间还会通过降低环境标准的行为吸引FDI流入，“逐底竞争”的存在驱使区域之间在招商引资、获取经济资源的利益引诱之下竞相降低规制强度而牺牲环境，形成“政策洼地”，导致“环境标准竞次”。在对“污染避难所”较新的研究中，Taylor（2006）对“污染天堂”假说进行了进一步细分（见图2-3）：①环境规制的水平是由国家特征决定的；②实施环境规制将会对生产成本产生影响；③生产成本的上升或下降将会对贸易和FDI的流入或流出产生影响；④贸易和FDI的流入或流出将会对国家或地区的产品价格、生态环境等造

① Walter I, Ugelow J L. Environmental policies in developing countries [J]. Ambio, 1979, 8(2): 102-109.

② Baumol W J, Oates W E. The theory of environmental policy [M]. Cambridge: Cambridge University Press, 1988.

成影响；⑤国家或地区的产品价格、生态环境等的变化将会反过来影响国家的环境规制。

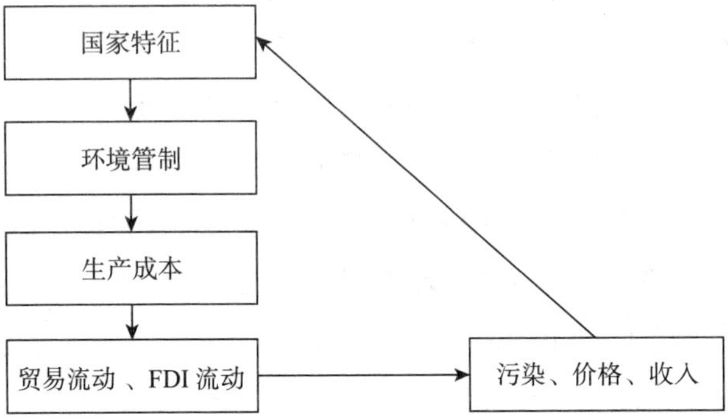

图2-3 “污染避难所”假说流程

第二节 环境规制、FDI与绿色技术创新效率的理论分析

一、异质性环境规制对绿色技术创新效率影响机制分析

（一）环境规制影响绿色技术创新效率的异质性分析

由于命令控制型环境规制、市场激励型环境规制和自主参与型环境规制实施手段、方式等的不同，其对绿色技术创新效率的影响机制也具有一定的差异。那么，三种类型环境规制对绿色技术创新效率的具体影响是怎么样的？要想充分发挥不同类型环境规制对绿色技术创新效率的提升作用，需要哪些条件？分析不同类型环境规制对绿色技术创新的影响机制对后文实证研究具有重要理论意义，因此，本书在借鉴前人研究的基础上，从命令控制型环境规制、市场激励型环境规制和自主参与型环境规制三种类型政策工具入手，就其对绿色技术创新的作用机制进行分析，作用机制如图2-4所示。

从图2-4可以看出，命令控制型环境规制主要由生产标准、市场准入、技术规范和排污许可等环境规制工具组成，通过对所生产的产品进行环保标准规范，对产品的市场供给进行限制，从而激励新技术和产品的形成，对污染排放物标准进行控制，依靠国家层面的法律法规或者各级地方政府颁布的地方性法律法规进行规定实施，最终倒逼绿色技术创新效率的提升；市场激励型环境规制主要由环境税费、排污权交易和生产者责任等环境规制工具组成，通过对排污征收罚款、对环保生态项目提供补偿和利用市场本身的调节机制，最终诱导绿色技术创新效率的提升；自主参与型环境规制主要由信息披露和自愿协议等环境规制工具组成，通过社会道德、公众舆论等行为促进环境治理绩效，最终扩散至绿色技术创新效率的提升。通常来说，命令控制型环境规制政策工具对绿色技术创新效率的提升重点在末端治理技术的应用，市场激励型环境规制政策工具对绿色技术创新效率的提升重点在生产效率和减排技术的提升，自主参与型环境规制政策工具对绿色技术创新效率的提升重点在监管成本降低和灵活性。

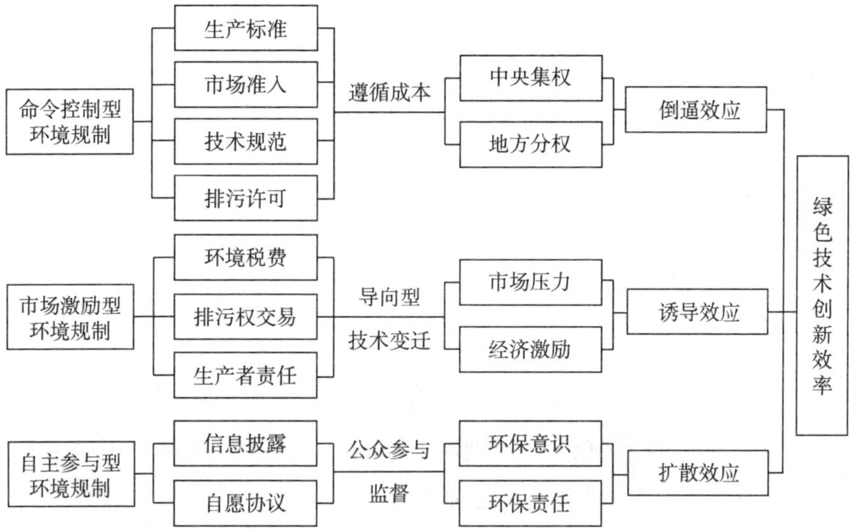

图 2-4　异质性环境规制影响绿色技术创新效率的作用机制

（二）基于组合优化的环境规制工具影响评价

当前对环境保护和绿色技术创新的兼顾，使环境规制工具由单独政策转向组合政策成为必要，毕竟任何一个环境规制政策都不具有最优性。同时，命令控制型环境规制、市场激励型环境规制和自主参与型环境规制都具有一定的技术效应，在现实中相互配合使用可以充分发挥其特性并更大程度地提升绿色技术创新效率。本书以 Heaton（1997）环境规制的绿色创新矩阵设置为基础，对异质性环境规制的绿色技术创新效率进行矩阵设计（见表 2－1）。表 2－1 反映了异质性环境规制工具在绿色技术研发和绿色科技成果转化两个阶段对不同类型环境规制工具的作用，其中，用“＋＋”表示强烈正向作用，用“＋”表示一般正向作用，用“－－”表示强烈负向作用，用“－”表示一般负向作用。

表 2－1　异质性环境规制的绿色技术创新效率矩阵

环境规制工具		绿色技术创新主体		绿色技术创新类型		
		一般企业	环保企业	产品创新	工艺创新	资源利用
命令控制型环境规制	生产标准	+		+ +		
	市场准入			–		
	技术规范	+ +	+ +		+	
	排污许可	–			– –	+
市场激励型环境规制	环境税费	+ +			+ +	+ +
	排污权交易	+	–		+ +	+ +
	生产者责任	+ +		+ +		+ +
自主参与型环境规制	信息披露	+ +		+ +	+ +	+ +
	自愿协议				+	+

从表 2－1 可以看出不同类型环境规制工具对不同绿色技术创新主体（一般企业和环保企业）和绿色技术创新类型（产品创新、工艺创新和资源利用）的影响方向及程度。其中，生产标准对一般企业产品创新具有一定的激励作用，对环保企业技术创新无影响；市场准入限制了一般企业和环保企业的产品创新，但对一般企业和环保企业工艺创新和资源利用无影响；技术规范不论是对一般企业还是环保企业的工艺创新都具有一定的激励作用，但对一般企业和环保企业的产品创新和资源利用无影响；排污许可对环保企业的产品创新、工艺创新和资源利用均无影响，但却限制了一般企业的工艺创新并促进了其资源利用；环境税费对环保企业的产品创新、工艺创新和资源利用均无影响，但对一般企业的工艺创新和资源利用都具有激励作用；排污权交易对于环保企业来说并不适用，但对于一般企业来说，可以促进其工艺创新和资源利用；生产者责任同样对环保企业的

产品创新、工艺创新和资源利用均无影响，但对一般企业的产品创新和资源利用具有一定的激励作用；信息披露对于一般企业的方方面面都起着重要促进作用；自愿协议能够促进工艺创新和资源利用。另外，从表 2 - 1 还可以清晰地看出，不同绿色技术创新主体和不同绿色技术创新类型对环境规制工具的反应同样具有较大差异。

总的来说，尽管命令控制型环境规制、市场激励型环境规制和自主参与型环境规制产生的历史背景和作用不同，但是这些规制工具并不相互排斥，不同类型环境规制工具根据其自身应用和创新特性，相辅相成，共同促进绿色技术创新效率的提升。因此，通过研究命令控制型环境规制、市场激励型环境规制和自主参与型环境规制的优化组合，实现绿色技术创新的同时保护生态环境健康，是可持续发展的必然趋势。所谓的环境规制工具组合，就是将多种环境规制工具有机组合成为政策“工具包”，实现“1 +1 >2”的环境治理或生态环保目标。通过对多个规制工具的科学合理设置和正确实施，使经济、社会和环境获得最高效益，这种组合过程也是一个动态优化的过程。

二、FDI 对绿色技术创新效率影响机制分析

FDI 对东道国的投资，涉及人力、技术等多方面因素的共同作用，而 FDI 对绿色技术创新的影响往往通过多方面的作用同时发生并相互制约而完成。因此，为了更清楚地了解 FDI 对绿色技术创新效率的影响，需要厘清 FDI 对绿色技术创新效率的作用机制（见图 2 - 5）。

目前，国内外一些学者对 FDI 的技术溢出机制进行了分析，其中较有代表性的为考克（Kokko，1992）[①]，他将技术溢出分为模仿示范传播和竞争两个主要方面。其中，竞争主要指的是跨国公司进入东道国后对原有平衡的打破，导致所进入区域市场竞争加剧，使原有企业被迫提升效率来适应新的市场环境。本书将以此为基础并结合环境效应进行机制分析，为后文实证检验做好理论准备。

---

① Kokko A. Foreign direct investment, host country characteristics and spillovers [D]. Copenhagen: Copenhagen Business School, 1992.

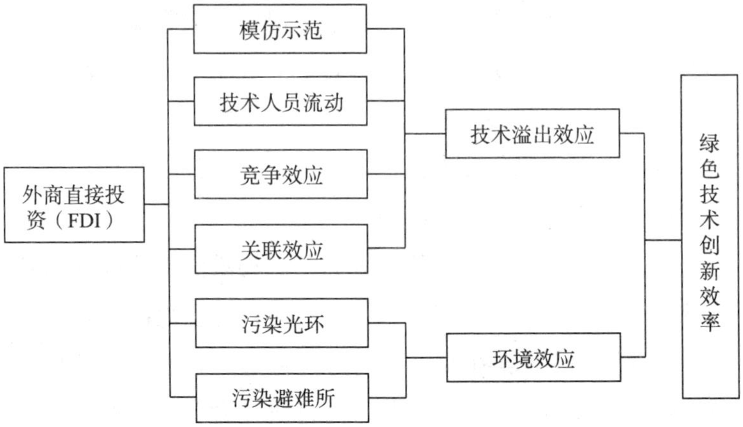

图 2－5 外商直接投资（FDI）影响绿色技术创新效率的作用机制

（一）技术溢出效应

FDI 的技术溢出主要通过模仿示范、技术人员流动、竞争效应、关联效应进行，其中模仿示范、技术人员流动和竞争效应是在行业内部实现的，关联效应是在行业之间实现的。而具体到模仿示范这一作用机制的实施过程：首先，FDI 进入东道国某一行业并依靠自身先进技术和管理模式赢得超额利润，抑制了东道国本土企业的发展。其次，本土企业为了能够适应新的竞争生存环境，开始向外资企业学习，FDI 的模仿示范效应由此产生。最后，经过一段时间的模仿学习后，东道国的本土企业开始逐渐提升自身生产效率，并最终获得了技术溢出效应。可以看出，经过对外商的产品创新、新管理模式、新技术的接触学习，东道国的本土企业可以充分利用技术溢出效应来降低创新过程中的不确定性成本，但与此同时，外资企业为了自身利益最大化，也会尽可能阻止核心技术泄露扩散，导致东道国的本土企业不能快速提升生产效率，短时间内会挤出东道国的本土企业投资。FDI 通过技术人员流动来实现技术溢出的实施过程为：FDI 在东道国设立子公司并对其进行技术转移，这是一个系统的实施过程，不仅需要 FDI 向东道国提供相应的机器设备、管理和技术人员，还需要对在东道国所招聘的本土员工进行相应的技术培训。由于员工所从事的工作种类不同，技术培训涉及一般、专业和高级各类层次，并且，伴随子公司运营的逐渐成熟，东道国的本土员工中高级人员的比重会逐渐上升。工作过程中的人员外部流动会使这些掌握更高技术、管理经验的人员流入本地企业，最终产生技术溢出效应。特别是在发展中国家，这种依靠技术溢出效应提升自身实力的情况相对于发达国家来说更为明显。FDI 通过竞争效应来实现技术溢出的实施过程为：上文提到的模仿示范阶段，由于 FDI 的进入给东道国的本土企业带来了竞争的压力，为了保证市场份额不被占有，东道国的本土企业会竭尽所能地运用各种手段、采取各种措施提升企业自身生产效率，这种提升一旦超过外资企业本身生产效率，原有的竞争压力就会倒转过来，外资企业同样会尽最大可能提升生产效率来保存自身的竞争能力，外资企业和东道国的本土企业相互竞争同样导致了技术溢出效应。

FDI 通过关联效应来实现技术溢出的过程是在行业间实施的，既包含前向关联也包含后向关联。其中，前向关联是指东道国的本土企业从外资企业获得生产过程中所需的原材料再加工、零部件、半成品和各类服务等产品或服务。其主要实施渠道包括：外资以供应商、合作伙伴等形式与东道国的本土企业建立相互的业务往来；东道国的本土企业购买并使用外资企业产品或工艺提升产品质量和生产效率，并最终以培训和售后来产生技术溢出。后向关联是指外资企业从东道国的本土企业获得生产过程中所需的原材料、零部件、半成品和各类服务等产品或服务。其主要实施渠道包括：外资企业帮助建立生产性设备给潜在供应商；外资企业提供信息或技术帮助改进东道国本土企业的生产工艺、产品创新、管理模式和结构调整；外资企业对东道国的本土企业所提供的产品和服务要求更高的质量，激励其改进。后向关联机制可促进发展中国家上游生产能力的提高和资源的有效配置。

（二）环境效应

FDI 的环境效应主要体现在“污染避难所”和“污染光环”两个假说的争论上。其中，“污染避难所”假说认为，一个国家或地区在吸收外资的过程中，容易降低环境标准，将高污染行业引进来，形成污染的空间转移。一方面，环境标准较低的地区将会吸引污染密集型产业的 FDI 流入，污染东道国的生态环境。另一方面，国家或地区间通过降低环境标准的行为吸引 FDI 流入，区域之间在招商引资、获取经济资源的利益引诱之下竞相降低规制强度而牺牲环境，形成“政策洼地”，从而导致生态环境的破坏。而“污染光环”假说认为，FDI能够带来先进的生产和环境技术，减少企业自身污染排放，降低本地甚至区域整体环境污染水平。外资企业运用先进的环境管理体系和清洁技术对东道国环境产生有利的扩散影响。一方面，外资企业通过提升资源的利用效率解决东道国本土企业所面临的环境污染问题；另一方面，外资企业通过知识扩散、资金投入等方式促进东道国环境保护技术的提升。

总的来说，一方面，FDI所带来的技术水平的提升将有助于绿色技术创新效率的提升，毕竟外资的进入给东道国带来了丰富的资本、先进的技术，加上多数外资对绿色技术创新研发的重视，有利于东道国绿色技术创新效率的提升；另一方面，FDI所带来的环境效应和结构效应抑制了绿色技术创新效率的提升，一些相对落后的地区为了能够提升地区GDP，放松环境标准吸引外资进入，导致高污染、高排放外资企业迁入，最终破坏了当地的生态环境，同时，东道国本土企业对外资的技术依赖也降低了其自主创新的积极性。

根据以上分析可以看出，FDI通过技术溢出效应和环境效应的共同作用影响了绿色技术创新效率。另外，不论是技术溢出效应还是环境效应，其作用机制都存在促进和抑制的两面性，导致FDI对绿色技术创新效率的影响结果存在不确定性，需要通过具体的实证检验来确定。

三、环境规制、FDI对绿色技术创新效率影响机制分析

本部分将分别从环境规制作用于FDI进而导致其对绿色技术创新效率产生影响和FDI作用于环境规制进而导致其对绿色技术创新效率产生影响两个角度论述环境规制、FDI对绿色技术创新效率的影响机制，通过两种机制分析，从理论上更加清楚地论证环境规制、FDI对绿色技术创新效率的影响机制。

（一）环境规制作用于FDI进而影响绿色技术创新效率

环境规制作用于FDI进而影响绿色技术创新效率，是指环境规制的制定和实施对外商直接投资产生作用，并在这一作用的影响之下，最终导致FDI对绿色技术创新效率产生影响。具体来说，可以通过以下四种渠道实现环境规制作用于FDI进而影响绿色技术创新效率这一过程，见图2-6。

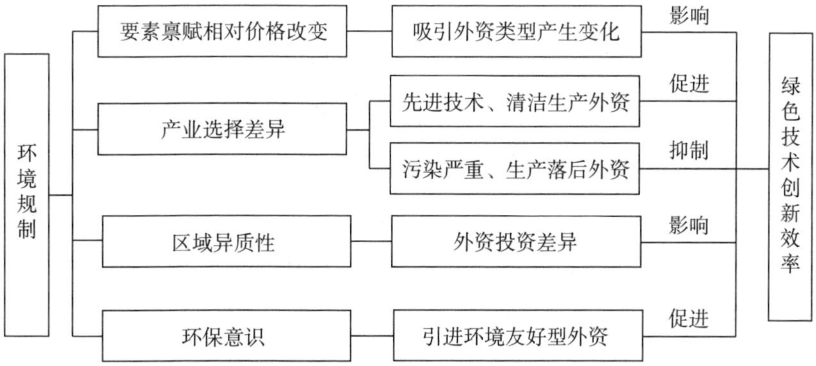

图2-6　环境规制作用于FDI进而影响绿色技术创新效率机制

其一，环境规制的实施通过要素禀赋影响FDI进而影响绿色技术创新效率。具体来说，尽管土地、劳动力、资本等要素禀赋的实际质量或数量没有发生改变，但环境规制的实施会在一定程度上影响一个国家的要素禀赋的相对价格，导致东道国要素价格相对改变，而要素价格的相对改变最终决定并影响外商投资的吸引类型，外商在投资过程中会充分考虑其要素禀赋特征并适时调整投资战略，最终选择最适合其发展的产业类型。[①] 由于绿色技术创新效率的提升主要依靠科技密集型和知识密集型产业，如果外商直接投资偏重于此类产业，将对绿色技术创新效率的提升产生积极的促进作用。

其二，环境规制的实施通过产业选择影响FDI进而影响绿色技术创新效率。对于环境规制要求较低的东道国，由于环境治理成本较低，在吸引外资时更容易将污染产业吸引进来，最终降低东道国的环境质量，其吸引外资的主要目的在于提升国家经济水平，这在一定程度上会使其忽略对环境保护和引进先进技术的重视。通常情况下，这类国家的经济较为落后，在外商投资过程中也更多吸引劳动密集型产业进入，对绿色技术创新效率的提升作用较小甚至为负。而对于环境规制要求较严格的东道国，其在吸引外资上更倾向于将具有先进技术、清洁生产的外资企业，通过产业优惠、税收减免等政策吸引进本国，而对于污染较严重的外资企业，东道国

① 产业类型大致可划分为：劳动密集型产业、经济密集型产业、资本密集型产业、科技密集型产业和知识密集型产业。

会采取限制甚至禁止政策，通过对引进外资的产业进行调整，助力东道国产业结构升级，最终促进绿色技术创新效率的提升。

其三，区域间环境规制的异质性影响 FDI 的投资抉择进而影响区域绿色技术创新效率。对于外资来说，环境规制标准差异不仅存在于国家与国家之间，同一个国家的不同区域环境规制标准的差异也会影响其投资的注入，并最终影响区域绿色技术创新效率。以中国为例，由于中国的区域发展水平差异较大（东部地区较为发达，中部地区次之，西部地区较为落后），不同区域在以国家政策为指导制定本地区环境政策时会存在一定差异，这些差异最终会在一定程度上影响外商的投资决策，那么根据外商投资时利润最大化的目标，外商选址时会将其作为考虑因素之一。通常情况下，外资更倾向于在环境管制较严的发达区域发展具有先进技术、清洁生产的产业，在环境管制宽松的落后区域发展低技术产业，由于不同产业的发展会对绿色技术创新效率的提升产生不同作用，所以对于区域来说，外商的投资抉择影响着其绿色技术创新效率。

其四，环境规制的实施可以通过增强群众环保意识选择环境友好型 FDI 进而影响绿色技术创新效率。随着经济和社会的发展，人们的整体环保意识逐渐增强，更多的人加入到环境保护这一队伍中来，开始在消费领域注重环境保护并抵制破坏环境较严重企业生产的产品，这在一定程度上约束了企业行为，形成了较为有效的监督机制，促使企业创新活动发生，并最终促进绿色技术创新效率的提升，而对于污染型外资企业来说，公众的监督同样会促使其更快退出市场。只有环境友好型外资企业才能在东道国可持续发展下去，而这些环境友好型外资企业也是提升东道国绿色技术创新效率的重要力量。

（二）FDI 作用于环境规制进而影响绿色技术创新效率

本部分将首先借鉴 Matthew 等（2006）① 模型中 FDI 对环境规制的影响进行更具体分析。假设在一个经济体系中有 4 个参与者，即外资企业、本土企业、政府部门和消费者。将消费者标准化为“1”，其效用函数 $U=$

① Matthew A C，Robert J R，Fredriksson P G. Endogenous pollution havens：Does FDI influence environmental regulations［J］. Scandinavian Journal of Economics，2006，108（1）：157－178.

$u(Q)-W$，其中，Q 为消费污染产品量，W 为生产过程中的污染损害，消费价格 $p=\partial/Q$，$\partial>0$，在不完全竞争市场上，有 M^D 个本土企业和 M^F 个外资企业共同生产同一产品 $M=M^D+M^F$，企业 i 的产出用 q_i 表示，企业支出用 w_i 表示，单位污染收费用 t 表示，边际治理成本用 c 表示，企业总利润可表示为：

$$\pi_i = p(Q)q_i - C(q_i,w_i) - W_i t - c \tag{2-1}$$

成本方程为：

$$Q = \sum q_i, e_i(q_i,w_i) = cq_i + gw_i \tag{2-2}$$

污染损失方程为：

$$S_i = \mathrm{v}q_i = \beta w^{-\gamma} \tag{2-3}$$

分别对式（2-1）求产出和污染治理水平的偏导：

$$\begin{aligned} \partial\pi_i/\partial \mathrm{q}_i &= 0 \\ \partial\pi_i/\partial w_i &= 0 \end{aligned} \tag{2-4}$$

那么，在单位污染税为 t 的前提条件下得出产出和污染治理水平的纳什均衡为：

$$\begin{aligned} q_i &= a - c - vt/1 + N \\ W_i &= (ht)^{1/1+\gamma} \end{aligned} \tag{2-5}$$

假定政府社会福利不包含外资所获得利润，此时的消费者总福利为消费者剩余与污染税收之和减去污染损失：

$$W(t) = \int p(x)\mathrm{d}x - p(Q)Q + N(t-1)W(q,w) \tag{2-6}$$

关于污染税收，外资与东道国之间会进行一定的博弈。首先，企业有两种选择，要么加入国内游说集团 A，要么加入国外游说集团 B，其中，后者给予政府贿赂计划 $C^*(t)$，政府贿赂计划的实施与其相关部门污染税费制定有关。其次，政府相关部门收取（或者拒绝收取）贿赂并对环境规制水平进行规定。最后，相关企业根据环境规制标准设置生产产出和排污支出。此时，外资企业和东道国本土企业的效用方程为：

$$\begin{aligned} V^A(t) &= N^D\pi \\ V^B(t) &= N^B\pi \end{aligned} \tag{2-7}$$

假设政府相关部门为了自身的福利最大化，在社会福利和贿赂间寻求平衡，即：

$$G(t) = \sum C^K(t) + \alpha E(t) \tag{2-8}$$

其中，α 代表政府的腐败水平，此时，本土企业的利润也是社会总福利的一部分，即：

$$E^{\lambda}(t) = E(t) + N^A \pi \tag{2-9}$$

而纳什均衡需满足：

$$\begin{aligned} t^* &= \operatorname{argmax} \sum C^K(t) + \alpha E^{\lambda}(t) \\ t^* &= \operatorname{argmax}[V^K(t) - V^K(t)] + \sum [C^K(t) - E^K(t)\alpha] \end{aligned} \tag{2-10}$$

此时的均衡解为：

$$\sum \partial V^K(t^*)/\partial t + \alpha \partial C^{K*}(t^*)/\partial t = 0 \tag{2-11}$$

其中，$\sum \partial V^K(t^*)/\partial t$ 、$\alpha \partial C^{K*}(t^*)/\partial t$ 分别代表污染税对游说集团和社会总福利的影响，政府相关部门在 α 水平下对其进行选择。此时，受污染税费影响，消费者福利可表示为：

$$\begin{aligned} \partial E(t)/\partial t = N\{w - vqN/1 + N - (t-1)[v^2/(1+N) + \\ (\beta\gamma)^2 E^{-(\gamma+1)}/g(1+\gamma)]\} \end{aligned} \tag{2-12}$$

污染税分别对外资和本土企业游说的福利为：

$$\begin{aligned} \partial V^A(t)/\partial t &= -sN^A \\ \partial V^B(t)/\partial t &= -sN^B \end{aligned} \tag{2-13}$$

求其均衡解：

$$\begin{aligned} -(I^{D+\alpha})N^D s - I^F N^F s + \alpha N\{s - vqN/1 + N - (t-1)[v^2/(1 + \\ N) + (\lambda\beta)^2 W^{-(\gamma+1)}/g(1+\gamma)]\} = 0 \end{aligned} \tag{2-14}$$

对其进行微分：

$$\begin{aligned} dt/dN^F = -I^F S + \alpha\{\beta W^{-\gamma} + vq[1 + N(N-1)]/(1 + \\ N) - (t-1)\beta^2\gamma^2 w^{-(1+\gamma)}/g(1+\gamma)\}/-A \end{aligned} \tag{2-15}$$

对于式（2-15）来说，$A<0$ 为均衡解的二阶条件，也即政府最大化的解，可以得出：$\alpha \to 0$，$\lim dt/dN^B < 0$，$\alpha \to \infty$，$\lim dt/dN^B > 0$。当东道国

政府相关部门较腐败，即 α 较小（$|-I^F S| > \left|\beta W^{-\gamma} + vq[1+N(N-1)]/(1+N) - (t-1)\beta^2\gamma^2 w^{-(1+\gamma)}/g(1+\gamma)\right|$）时，外商投资降低环境规制标准；反之，当东道国政府相关部门有所作为，腐败程度较低，即 α 较大（$|-I^F S| < \left|\beta W^{-\gamma} + vq[1+N(N-1)]/(1+N) - (t-1)^2\gamma^2 w^{-(1+\gamma)}/g(1+\gamma)\right|$）时，外商投资提升环境规制标准。

由此可以看出，外商投资不仅可以提升环境规制标准，也可以降低环境规制标准，这两种情况也可以解释为外商直接投资对环境规制影响的促进和抑制两个方面的作用，并且在这两种机制的相互作用下，环境规制对绿色技术创新效率产生影响。更进一步阐释这一现象：FDI 通过环境技术溢出提升环境治理效率，推动污染物处理规制的增强，并最终促进绿色技术创新效率水平的提升。在不完全的竞争市场，政府相关部门为了短期经济目标的实现通常积极鼓励企业提高产出同时增加消费者的盈余，这一目标导致政府相关部门的政策制定者通常将税收金额设定在最优水平，也就是税收额度与边际损失相等，外商投资的加入对于东道国原有市场来说增加了其竞争的程度，这最终将导致政府相关部门在制定税费时增强对污染收税的动机，外商对东道国投资的“竞争效应”提升了污染收费水平。然而，以上这种现象通常需要外资进入达到一定的标准才能实现，也就是FDI 对环境规制存在一定的门槛效应，当外资没有达到这一门槛时，FDI 对环境规制的影响表现为抑制作用，这种抑制作用的出现是由于外商在东道国的投资中所具有的技术创新等优势，导致较高水平下产出的税收由确定数变成未知数，此时，外资可以依靠游说和贿赂达到“势力效应”，最终促使政府相关部门降低对污染的收税水平。这一现象可以通过“环境标准竞次”假说进行解释，该假说认为外商投资会导致东道国为了增加竞争能力而降低环境标准，最终破坏东道国的生态环境，该假说暗含着如果对外商投资进行一定的限制，就可以在既定经济水平下获得更好的环境质量。

鉴于以上 FDI 对环境规制所产生的作用，在外商直接投资对环境规制的影响下，政府相关部门调整相关政策措施，受这些政策措施的影响，环境规制发生改变，这种改变最终对绿色技术创新效率产生影响。

根据以上两节的机制分析可以发现，环境规制、FDI 与绿色技术创新效率之间不是相互独立存在的，而是相互影响、相互渗透的。因此，仅仅研究异质性环境规制对绿色技术创新效率的影响或仅仅研究 FDI 对绿色技术创新效率的影响都会使研究内容不够全面，造成研究结果的偏差。因此，本书将异质性环境规制、FDI 与绿色技术创新效率放在统一的分析框架中，更加全面地研究中国工业发展过程中的相关问题。

第三节　本章小结

首先，本章选取市场失灵理论，技术创新理论，新经济地理理论，效率理论和环境规制、FDI 与绿色技术创新效率之间相互关系的波特假说、环境库兹涅茨曲线、“污染天堂”等理论进行了论述。其次，厘清异质性环境规制、FDI 对绿色技术创新效率的作用机制是研究异质性环境规制、FDI 对绿色技术创新效率影响的基础。再次，分析了异质性环境规制对绿色技术创新的作用机制、FDI 对绿色技术创新的作用机制、环境规制对 FDI 如何作用进而导致其对绿色技术创新效率产生影响和 FDI 对环境规制如何作用进而导致其对绿色技术创新效率产生影响。最后，根据本章分析，可以得知异质性环境规制和 FDI 通过不同的传导机制作用于绿色技术创新效率，并且影响效果正负和大小均不同。因此，只有综合分析异质性环境规制、FDI 对绿色技术创新效率的影响，才能更加明确地判断异质性环境规制、FDI 对绿色技术创新效率的最终影响结果。

第三章　中国工业绿色技术创新现状及效率测算

基于高能耗、高污染、高排放的传统经济发展模式逐渐给中国经济的可持续发展造成强大阻力，资源过度耗费与环境污染等问题已严重制约中国工业经济的可持续发展。中国正处于转变经济发展方式、优化经济结构、转换经济增长动能的攻关期。党的十九大做出中国经济已由高速增长阶段转向高质量发展阶段的科学战略判断，提出要加快建设创新型国家。在经济新常态背景下，如何突破资源环境约束，实现工业的绿色可持续发展是当前工作的重中之重。因此，将绿色技术创新作为促进工业绿色可持续增长的重要手段与核心工具，借助新知识、新技术实现降低环境污染的目标，通过内部化组织对环境的消极影响以及产生正的溢出效应，形成在经济利益和环境利益上的“双赢”局面是解决当前问题的关键。

第一节　中国工业现状分析

一、中国工业技术创新现状分析

本部分通过对中国工业的技术创新投入、产出、污染、治理投资等的现状描述及分析，对中国工业绿色技术创新的现状进行系统描述。

（一）中国工业技术创新投入现状

1. 中国工业技术创新投入总体现状

中国工业技术创新投入总体现状见表3－1。

表3-1 中国工业技术创新投入情况

年份	R&D人员全时当量（万人·年）	R&D经费内部支出（亿元）	新产品开发经费支出（亿元）	引进国外技术经费支出（亿元）	引进技术消化吸收经费支出（亿元）	购买国内技术经费支出（亿元）	技术改造经费支出（亿元）
2006	69.6	1630.2	1862.9	320.4	81.9	87.4	3019.6
2007	85.8	2112.5	2453.3	452.5	106.6	129.6	3650
2008	123	3073.1	3676	466.9	122.7	184.2	4672.7
2009	144.7	3775.7	4482	422.2	182	203.4	4344.7
2010	137	4015.4	4420.7	386.1	165.2	221.4	3638.5
2011	193.9	5993.8	6845.9	449	202.2	220.5	4293.7
2012	224.6	7200.6	7998.5	393.9	156.8	201.7	4161.8
2013	249.4	8318.4	9246.7	393.9	150.6	214.4	4072.1
2014	264.2	9254.3	10123.2	387.5	143.2	213.5	3798
2015	263.8	10013.9	10270.8	414.1	108.4	229.9	3147.6
2016	270.2	10944.7	11766.3	475.4	109.2	208	3016.6
2017	273.6	12013	13497.8	399.3	118.5	200.9	3103.4

资料来源：2007—2018年《中国科技统计年鉴》。

其中，R&D人员全时当量、R&D经费内部支出和新产品开发经费支出能够反映中国工业技术创新过程中人力和资金的研发投入情况。由表3-1可以看出，2006—2017年，中国工业R&D人员全时当量由69.6万人·年增加到273.6万人·年，12年间增长了2.93倍，年均增幅约为26.6%；中国工业R&D经费内部支出由1630.2亿元增加到12013.0亿元，12年间增长了6.37倍，年均增幅约为57.9%；中国工业新产品开发经费支出由1862.9亿元增加到13497.8亿元，12年间增长了6.25倍，年均增幅约为56.8%。另外，引进国外技术经费支出、引进技术消化吸收经费支出、购买国内技术经费支出以及技术改造经费支出能够反映中国工业绿色技术创新过程中非研发投入情况。由表3-1可以看出，2006—2017年，中国工业引进国外技术经费支出由320.4亿元增加到399.3亿元，引进技术消化吸收经费支出由81.9亿元增加到118.5亿元，购买国内技术经费支出由87.4亿元增加到200.9亿元，技术改造经费支出由3019.6亿元增加到3103.4亿元，四种类型经费支出总量由3509.3亿元增加到3822.1亿元，12年间增长了0.09倍，年均增幅8%。

2. 中国工业技术创新投入分区域现状

为了更清楚地说明中国工业技术创新投入情况，本书进一步绘制了中国2006—2017年东、中、西部地区和全国的R&D人员全时当量、R&D经费内部支出、新产品开发经费支出和非研发投入折线图（见图3－1～图3－4）。

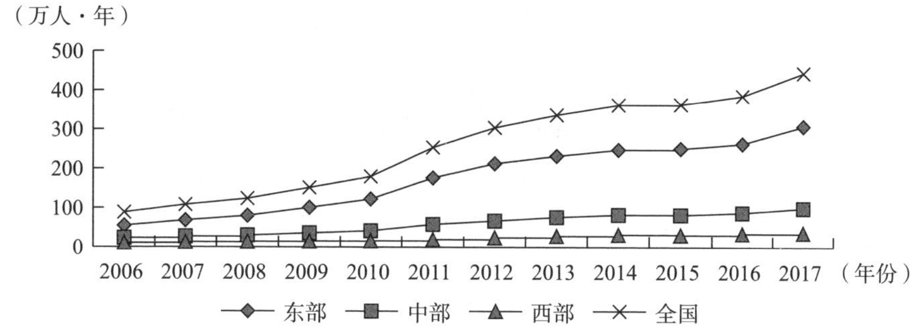

图3－1　R&D人员全时当量

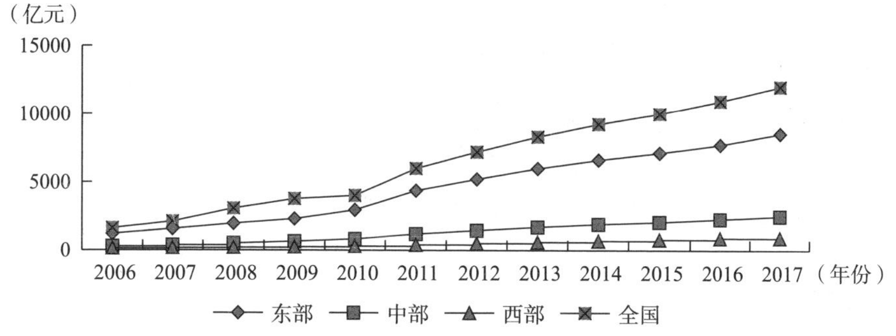

图3－2　R&D经费内部支出

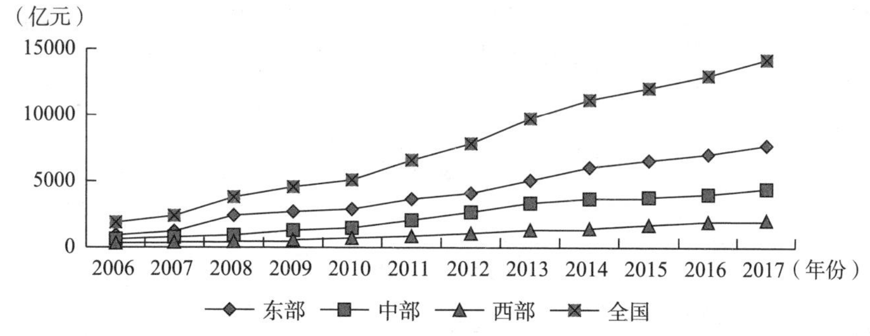

图3－3　新产品开发经费支出

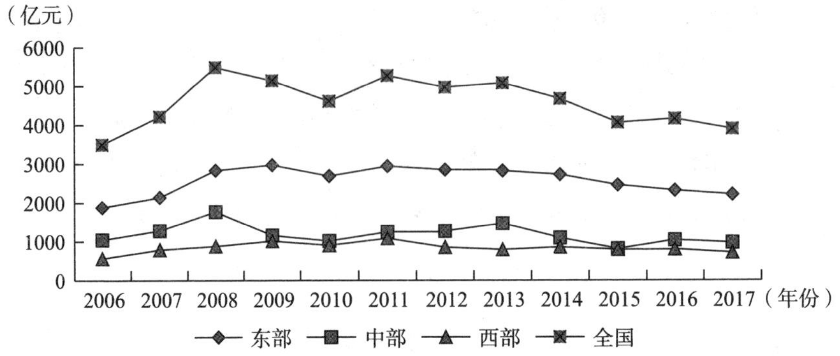

图3-4　非研发投入

由图3-1~图3-4可见，近年来，我国R&D人员数量、R&D经费内部支出、新产品开发经费支出一直在上升，且东部地区的绿色技术创新投入一直高于中、西部地区，显示出较强的路径依赖性。非研发投入（引进国外技术经费支出、引进技术消化吸收经费支出、购买国内技术经费支出以及技术改造经费支出）12年来波动不大，一直较稳定，整体呈现东部地区高于中部地区高于西部地区的状况。

（二）中国工业技术创新产出现状

1. 中国工业技术创新产出总体现状

中国工业技术创新产出总体现状见表3-2。

表3-2　中国工业技术创新产出情况

年份	专利申请数（件）	拥有发明专利授权数（个）	新产品开发项目数（个）	新产品销售收入（亿元）
2006	69009	25685	100760	31233
2007	95905	36074	112369	40976
2008	173573	59254	184859	57027
2009	265808	92450	237754	65838
2010	198890	72523	159637	72864
2011	386075	134843	266232	100583
2012	489945	176167	323448	110530
2013	560918	205146	358287	128461
2014	630561	239925	375863	142895
2015	638513	245688	326286	150857
2016	715397	286987	391872	174604
2017	817037	320626	477861	191569

资料来源：2007—2018年《中国科技统计年鉴》。

由表 3 - 2 可以看出，2006—2017 年，中国工业专利申请数由 69009 件增加到 817037 件，12 年间增长了 10.8 倍，年均增幅约为 98.5%；中国工业拥有发明专利授权数由 25685 个增加到 320626 个，12 年间增长了 11.5 倍，年均增幅约为 104.4%；中国工业新产品开发项目数由 100760 个增加到 477861 个，12 年间增长了 3.7 倍，年均增幅约为 34.0%；中国工业新产品销售收入由 31233 亿元增加到 191569 亿元，12 年间增长了 5.1 倍，年均增幅约为 46.7%。

2. 中国工业技术创新产出分区域现状

为了更清楚地说明中国工业技术创新产出情况，本书进一步绘制了中国 2006—2017 年东、中、西部地区和全国的专利申请量、拥有发明专利授权数、新产品开发项目数和新产品销售收入折线图（见图 3 - 5 ~ 图 3 - 8）。

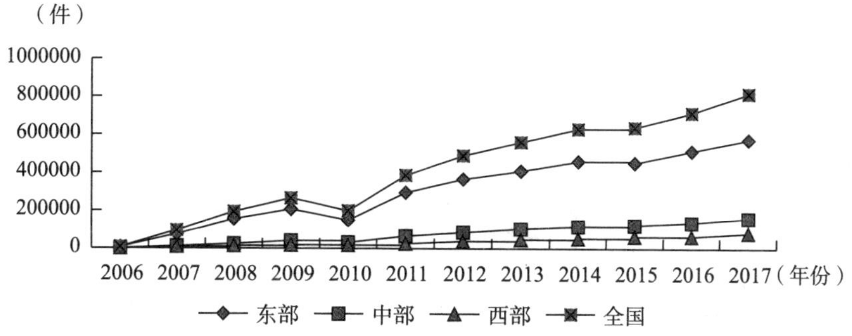

图 3 - 5　专利申请量

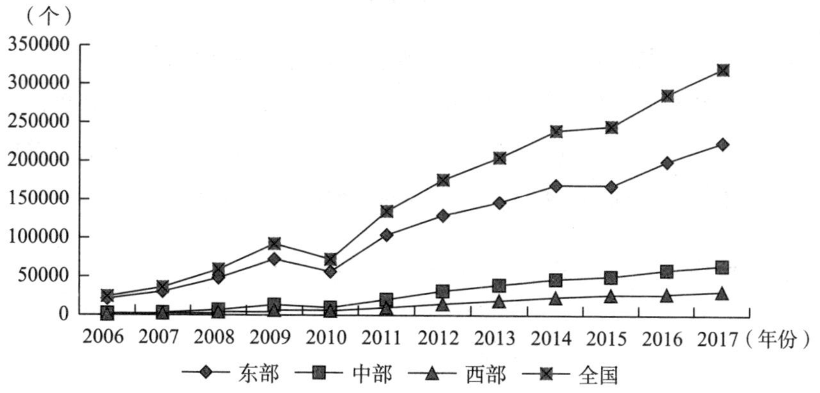

图 3 - 6　拥有发明专利授权数

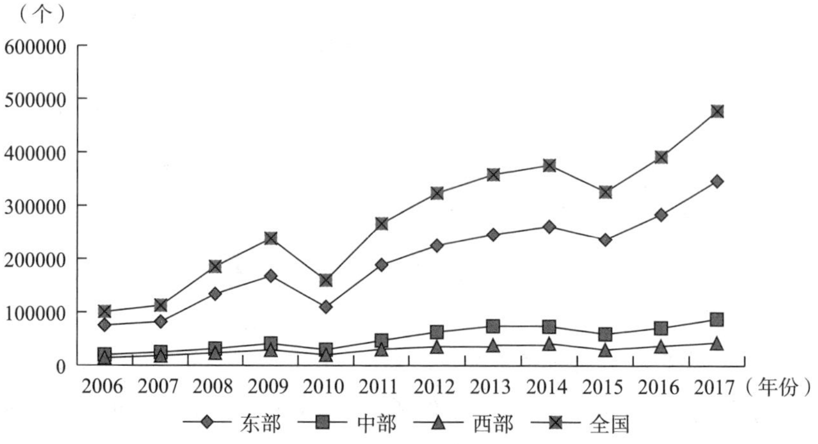

图3-7　新产品开发项目数

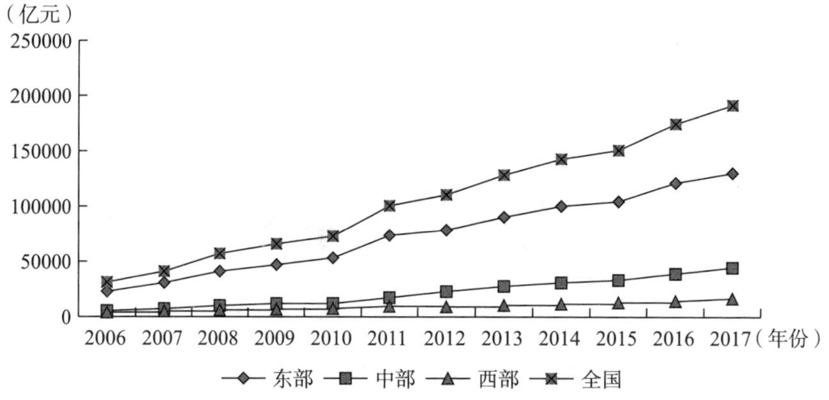

图3-8　新产品销售收入

由图3-5~图3-8可见，近年来，我国在专利申请量、拥有发明专利授权数、新产品开发项目数和新产品销售收入方面取得的效果明显，一直在稳步提升，特别是在2010年至2017年，上升幅度明显增加，而且东部地区工业技术创新产出远高于中、西部地区。

二、中国工业污染现状及特征

（一）中国工业污染物排放状况分析

1. 中国工业污染总体现状

从表3-3可以看出，2006—2017年中国工业废水排放量由240.19亿吨降低到130.00亿吨，12年间降低了45.9%，年均降幅约为7.1%；中国工业废气排放量由330990亿标准立方米上升到670928亿标准立方米，12年间上升了1.03倍，年均升幅约为8.6%；中国工业二氧化硫排放量由2234.8万吨降低到1763.2万吨，12年间降低了21.1%，年均降幅约为2.2%；中国工业烟粉尘排放量由864.5万吨上升到1543.1万吨，12年间上升了0.78倍，年均升幅约为6.5%；中国工业固体废弃物产生量由151541万吨上升到347348万吨，12年间上升了1.29倍，年均升幅约为10.7%。

表3-3　中国工业污染物排放量

年份	工业废水排放量（亿吨）	工业废气排放量（亿标准立方米）	工业二氧化硫排放量（万吨）	工业烟粉尘排放量（万吨）	工业固体废弃物产生量（万吨）
2006	240.19	330990	2234.8	864.5	151541
2007	246.65	388169	2140.0	771.1	175632
2008	241.65	403866	1991.4	670.7	190127
2009	234.48	436064	1865.9	604.4	203943
2010	237.47	519168	1864.4	603.2	240944
2011	230.87	674509	2017.2	1100.9	326203
2012	221.59	635519	1911.7	1029.3	332509
2013	209.84	669361	1835.2	1094.6	330859
2014	205.34	694190	1740.4	1456.1	329254
2015	199.50	685190	1556.7	1232.6	331055
2016	138.58	670379	1670.4	1446.0	354100
2017	130.00	670928	1763.2	1543.1	347348

资料来源：2007—2018年《中国环境统计年鉴》。

2. 中国工业污染分区域现状

为了更清楚地说明中国工业污染情况，本书进一步绘制了中国2006—2017年东、中、西部地区和全国的工业废水排放量、工业废气排放量、工业二氧化硫排放量、工业烟粉尘排放量和工业固体废弃物产生量折线图，如图3-9～图3-13所示。

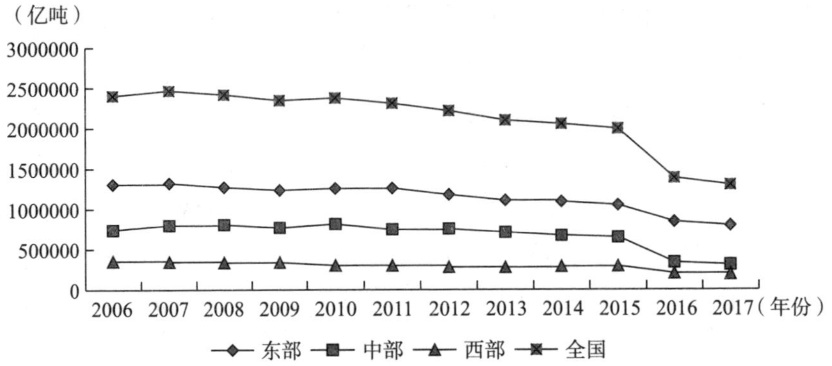

图3－9　工业废水排放量

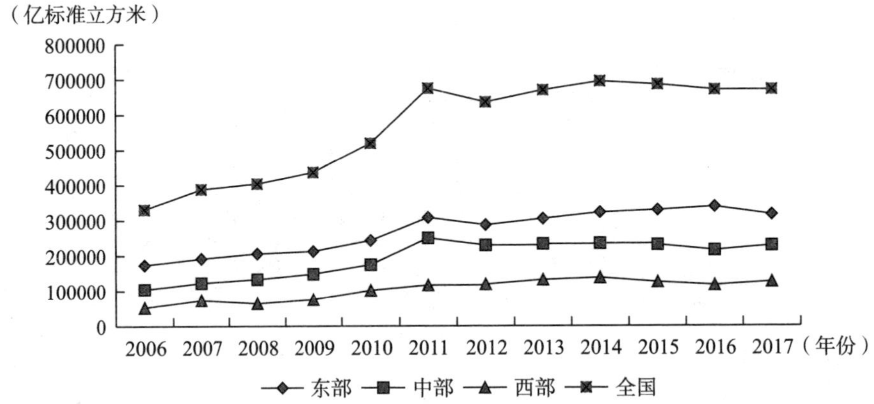

图3－10　工业废气排放量

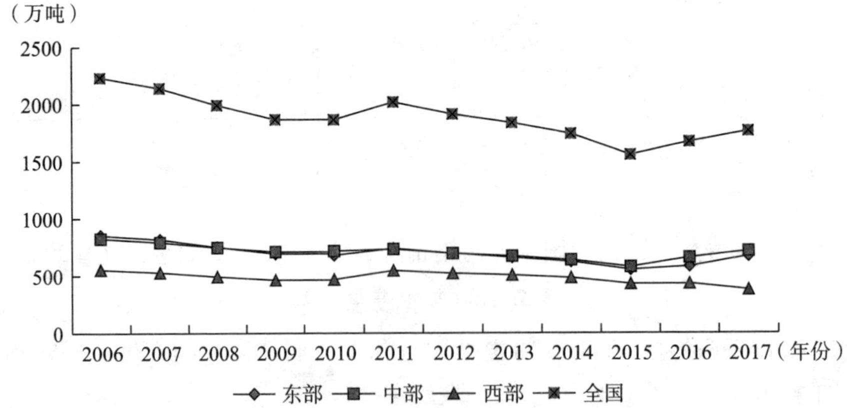

图3－11　工业二氧化硫排放量

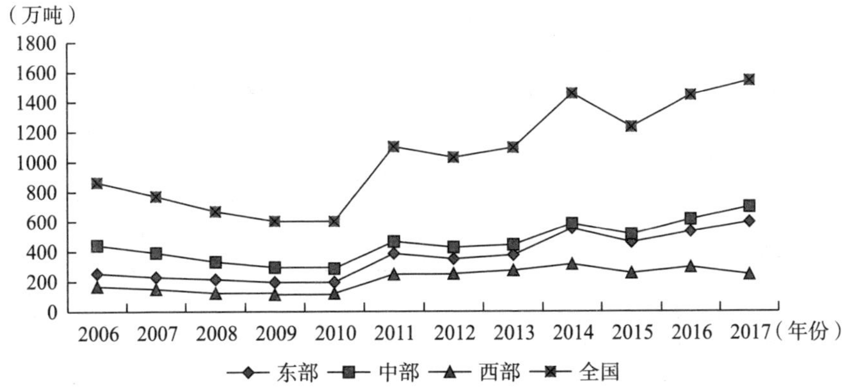

图 3－12 工业烟粉尘排放量

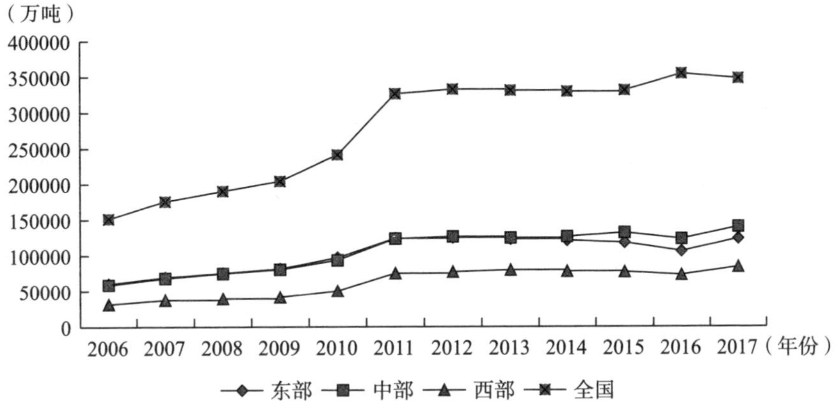

图 3－13 工业固体废弃物产生量

由图 3－9 至图 3－13 可见，近 12 年来我国工业废水排放量、工业二氧化硫排放量整体上是逐渐下降的，而工业废气排放量、工业烟粉尘排放量和工业固体废弃物产生量却在逐渐上升。从增减幅度来看，不论是排放量下降的工业废水、工业二氧化硫，还是排放量上升的工业废气、工业烟粉尘和工业固体废弃物，逐年变化幅度均较小。

（二）中国工业治理投资状况分析

根据表 3－4 可以看出，2006—2017 年中国工业治理投资的变化趋势并不是恒定的，其中 2010 年治理投资最低，为 397.0 亿元，2014 年治理投资最高，为 997.7 亿元，12 年间每年平均治理投资 625.25 亿元。分区域来看（见图 3－14），东部、中部和西部地区污染治理平均投资差别不大，12 年间整体变化不大。

表 3－4　中国工业污染源治理投资

单位：亿元

年份	工业污染源治理投资
2006	483.9
2007	552.4
2008	542.6
2009	442.6
2010	397.0
2011	444.4
2012	500.5
2013	867.7
2014	997.7
2015	773.7
2016	819.0
2017	681.5

资料来源：2007—2018 年《中国环境统计年鉴》。

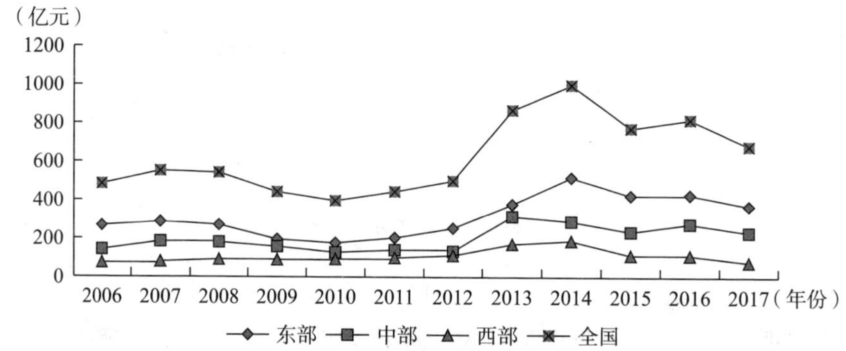

图 3－14　工业污染治理投资

结合中国工业技术创新现状和工业污染现状可以看出：2006—2017 年，中国工业技术创新投入的增长幅度要远高于工业污染排放的增长幅度，这些数据可以一定程度地从侧面反映出近年来中国的绿色技术创新得到积极发展，并且取得了一定的成绩。而要想知道中国工业绿色技术创新效率的具体变动情况，还需要借助实证工具进行进一步的详细测算，本章的剩余部分将对此进行详细论述。

第二节　中国工业绿色技术创新效率测算

一、工业绿色技术创新效率的测算方法

传统 DEA 模型在测度效率时尽管避免了参数方法设定函数导致的偏误问题（Charnes et al.，1978）①，但其将决策单元看作一个黑箱，忽视系统内部运行机制，无法深入探究决策单元效率低下的原因。基于多阶段或价值链角度建立的 DEA 模型考虑了技术创新生产过程的阶段性特征，但忽视了阶段之间的关联性，依然与现实偏离。本书在规模报酬可变（VRS）的基础上，考虑技术创新生产过程中环境非期望产出、投入过多与产出不足的特征事实，将绿色技术创新过程分为绿色科技研发和绿色成果转化两阶段，建立非径向、非角度两阶段超效率网络 SBM－DEA 模型，测算中国各省份工业绿色技术创新效率。

假设存在 n 个决策单元，每个决策单元由 $k(k=1, 2, \cdots, K)$ 个阶段组成，第 k 个阶段有 m_k 种投入和 u_k 种产出，ψ_k 表示中间指标个数，第 j 个生产决策单元在第 k 个阶段的投入为 X_j^k，满足 $\{X_j^k \in R_+^{m_k}\}$。产出分为期望产出和非期望产出，分别用 $Y^d=[y_l^d, L, y_N^d] \in R^{s_l \times N}$和 $Y^b=[y_l^b, L, y_N^b] \in R^{s_l \times N}$矩阵表示。连接阶段 k 和阶段 h 的中间产品由 $z_j^{(k,h)} \in R_+^{t(k,h)}(j=1, 2, \cdots, n; (k,h) \in L)$ 表示，则决策单元 DMU_0的整体效率可以表示为：

$$\rho_0 = \min \frac{\sum_{k=1}^{K} w^k \left[1 + \frac{1}{m_k} \sum_{i=1}^{m_k} \frac{s_i^{k-}}{x_{i0}^k}\right]}{\sum_{k=1}^{K} w^k \left[1 - \frac{1}{u_{1k}+u_{2k}} \left(\sum_{r=1}^{u_{1k}} \frac{s_r^{dk}}{y_{r0}^{dk}} + \sum_{r=1}^{u_{2k}} \frac{s_r^{bk}}{y_{r0}^{bk}}\right)\right]} \tag{3-1}$$

$$\text{s.t. } x_0^k \geqslant \sum_{j=1, j\neq 0}^{n} \lambda_j^k x_j^k + s^{k-}, y_0^{dk} \leqslant \sum_{j=1, j\neq 0}^{n} \lambda_j^k y_j^{dk} + s^{dk}, y_0^{bk} \geqslant \sum_{j=1, j\neq 0}^{n} \lambda_j^b y_j^{bk} - s^{bk}$$

$$\varepsilon \leqslant 1 - \frac{1}{u_{1k}+u_{2k}} \left(\sum_{r=1}^{v_{1k}} \frac{s_r^{dk}}{y_{r0}^{dk}} + \sum_{r=1}^{v_{2k}} \frac{s_r^{bk}}{y_{r0}^{bk}}\right), z^{(k,h)} \lambda^h = z^{(k,h)} \lambda^k, \sum_{j=1, j\neq 0}^{N} \lambda_j^k = \sum_{k=1}^{K} w^k = 1$$

---

① Charnes A，Cooper W W，Rhodes E. Measuring the efficiency of decision－making units［J］. European Journal of Operational Research，1978，2（6）：429－444.

$$\lambda^k \geqslant 0, w^k \geqslant 0, s^{k-} \geqslant 0, s^{dk} \geqslant 0, s^{bk} \geqslant 0 \tag{3-2}$$

本书将绿色技术创新过程分为两个阶段，即 $K=2$，各子阶段效率可以分别表示为：

$$\rho_0^1 = \frac{1 + \frac{1}{m_1}\sum_{i=1}^{m_1}\frac{s_i^{1-}}{x_{i0}^k}}{1 - \frac{1}{\psi}\sum_{r=1}^{\psi}\frac{s_r^{1+}}{z_{r0}}} \tag{3-3}$$

$$\rho_0^2 = \frac{1 + \frac{1}{\psi}\sum_{r=1}^{\psi}\frac{s_r^{1+}}{z_{r0}}}{1 - \frac{1}{u_{12}+u_{22}}\left(\sum_{r=1}^{u_{12}}\frac{s_r^d}{y_{r0}^d} + \sum_{r=1}^{v_{22}}\frac{s_r^b}{y_{r0}^b}\right)} \tag{3-4}$$

其中，w^k 表示阶段 k 的权重，s_i^{1-}（s_r^{1+}）表示第一阶段投入（产出）指标的松弛变量，$s_r^d(s_r^b)$ 表示第二阶段中期望产出（非期望产出）的松弛变量，$u_{12}(u_{22})$ 是第二阶段期望产出（非期望产出）的数量。

二、投入产出变量选取与说明

科技创新活动可以看成由科技研发和科技成果转化两个阶段组成（Furman，2002），在创造科技成果及市场经济价值的同时也伴随环境非期望产出的产生。根据两阶段的特性，以中国工业企业数据测算中国绿色技术创新效率，参考肖仁桥等（2014）、罗良文和梁圣蓉（2017）指标选取方法，第一阶段的投入主要从人力和资金投入两方面考虑，选取 R&D 人员全时当量、R&D 经费内部支出以及新产品开发经费作为投入指标，由于 R&D 经费和新产品开发经费形成影响往往具有一定的积累和时滞效应，故均采取存量指标。本书研究的时间跨度为 2006—2017 年，首先通过研发价格指数进行平减折算为 2006 年价格水平，然后根据永续盘存法，取折旧率为 15% 计算历年存量水平。第一阶段产出（中间产出）以专利申请量、拥有发明专利授权数和新产品开发项目数表示。中间产出、非研发投入、能源消耗作为第二阶段的投入。非研发投入区别于传统研发投入，是指技术的引进和消化吸收再创新，用引进技术费用、消化吸收费用、技术改造费用以及购买国内技术费用之和表示，也采用存量指标。最终产出包括期望产出和非期望产出，期望产出选取新产品销售收入和工业总产值两个指标，分别用工业 GDP 价格指数和工业产品出厂价格指数折算为 2006 年不变价格，非期望产出以环境综合指数表示，通过对单位工业 GDP 工业废水排放量、工业废气排放量、工业二氧化硫排放量、工业烟粉尘排放量和工业固体废弃物产生量 5 个相对指标进行熵权法处理获得，其值越大，环境质量越差（见表 3-5）。

表 3-5 绿色技术创新效率指标选取

指标分类	评价指标	细化指标	单位
第一阶段投入	人力投入	R&D 人员全时当量	人·年
	资本投入	R&D 经费内部支出	万元
		新产品开发经费	万元
第二阶段投入	中间产出	专利申请量	件
		拥有发明专利授权数	个
		新产品开发项目数	个
	非研发投入	引进技术费用	万元
		消化吸收费用	万元
		技术改造费用	万元
		购买国内技术费用	万元
	能源消耗	能源消费总量	万吨标准煤
最终产品	期望产出	新产品销售收入	万元
		工业总产值	亿元
	非期望产出	环境综合指数	%

资料来源：2007—2018 年《中国科技统计年鉴》《中国统计年鉴》《中国能源统计年鉴》《中国环境统计年鉴》。

此外，由于创新投入产出存在时滞性，取时滞期为 2 年，绿色技术创新的研发投入、中间产出以及成果转化的时间跨度依次为 2006—2014 年、2007—2015 年和 2008—2017 年。根据数据的可获得性和可操作性原则，排除香港、澳门、台湾及西藏等地区，选取中国 30 个省份历年数据分别进行分析测算。

三、测度结果及分析

根据上文所选指标数据，本书运用两阶段超效率网络 SBM-DEA 模型进行测算。在第一阶段（绿色科技研发阶段），中国 30 个省份和各地区及全国的效率结果如表 3-6、图 3-15 所示。

表 3-6 绿色科技研发阶段效率

省份	2006年	2007年	2008年	2009年	2010年	2011年	2012年	2013年	2014年	2015年	2016年	2017年	均值
北京	0.2193	0.2809	0.9447	0.5527	0.559	0.5521	0.5398	0.8059	0.9452	0.819	1.0199	1.1328	0.6976
天津	0.5727	0.3893	0.4757	0.7187	0.6622	0.6182	0.6425	0.6387	0.611	0.5803	0.4855	0.6287	0.5853
河北	0.1556	0.1789	0.1829	0.197	0.2715	0.2438	0.3302	0.3656	0.3478	0.336	0.3303	0.4419	0.2818
辽宁	0.106	0.1195	0.1563	0.1645	0.2799	0.3201	0.3221	0.3864	0.3966	0.3609	0.2143	0.4109	0.2698
上海	0.4239	0.4068	0.3189	0.3462	0.6225	0.5015	0.5514	0.6015	0.5806	0.5721	0.5136	0.6269	0.5055
江苏	0.5169	0.5228	0.5912	0.5673	0.5875	0.6209	0.6492	0.8488	0.7936	0.873	0.8857	0.9094	0.6972
浙江	0.7207	0.8849	0.8569	0.8238	0.8176	0.8055	0.6784	0.7724	0.7076	0.6908	0.704	0.7294	0.766
福建	0.3369	0.3105	0.2807	0.2181	0.3855	0.3926	0.3514	0.3944	0.4113	0.4134	0.4655	0.5025	0.3719
山东	0.4021	0.4316	0.4784	0.4549	0.445	0.4044	0.4362	0.4703	0.467	0.4926	0.4482	0.5004	0.4526
广东	0.5899	0.5612	0.6788	0.6857	0.8405	0.9209	0.9285	1.003	0.9472	1.0837	1.027	1.1701	0.8697
海南	0.302	0.3038	0.6163	1.2867	0.7033	2.2464	0.7298	0.6176	0.5894	0.4661	0.2705	0.4314	0.7136
东部平均	0.3951	0.3991	0.5073	0.5469	0.5613	0.6933	0.5599	0.6277	0.6179	0.608	0.5786	0.6804	0.5648
山西	0.1156	0.1023	0.0971	0.1251	0.1521	0.1622	0.158	0.1903	0.2014	0.1628	0.1289	0.1875	0.1486
内蒙古	0.1647	0.1684	0.1366	0.1506	0.1554	0.1346	0.114	0.1723	0.2311	0.1944	0.166	0.1834	0.1643
吉林	0.1254	0.2269	0.227	0.2834	0.3001	0.2165	0.2685	0.4028	0.4128	0.2008	0.2194	0.3385	0.2685
黑龙江	0.1424	0.184	0.185	0.192	0.2627	0.2724	0.2383	0.2562	0.2651	0.2724	0.2245	0.2927	0.2323
安徽	0.3307	0.2441	0.2777	0.5791	0.5805	0.7302	0.6358	0.8371	0.8932	0.9239	0.9197	1.058	0.6675
江西	0.1227	0.1266	0.14	0.1469	0.2018	0.2242	0.2407	0.2704	0.3246	0.4402	0.4848	0.4596	0.2652
河南	0.1845	0.2307	0.2712	0.3376	0.4948	0.3588	0.3888	0.4096	0.4368	0.3944	0.3457	0.4719	0.3604

续表

省份	2006 年	2007 年	2008 年	2009 年	2010 年	2011 年	2012 年	2013 年	2014 年	2015 年	2016 年	2017 年	均值
湖北	0.1716	0.2236	0.2164	0.2695	0.5409	0.4549	0.4862	0.4809	0.4863	0.5047	0.4339	0.5888	0.4048
湖南	0.3087	0.253	0.301	0.3151	0.7991	0.6874	0.6351	0.637	0.5695	0.5726	0.4288	0.6872	0.5162
广西	0.0784	0.1008	0.1949	0.2282	0.2806	0.2768	0.219	0.2498	0.2688	0.4047	0.3494	0.3954	0.2539
中部平均	0.1745	0.186	0.2047	0.2627	0.3768	0.3518	0.3384	0.3906	0.409	0.4071	0.3701	0.4663	0.3281
重庆	0.2757	0.2681	0.3076	0.3423	0.4692	0.5218	0.4853	0.5224	0.5997	0.62	0.5411	0.6376	0.4659
四川	0.2274	0.2317	0.2374	0.2652	0.3777	0.3874	0.4831	0.8048	0.7739	0.8448	0.5466	0.8272	0.5006
贵州	0.1355	0.1628	0.1786	0.2547	0.3041	0.3054	0.2802	0.3352	0.332	0.3513	0.3239	0.401	0.2804
云南	0.2445	0.2693	0.3136	0.3352	0.3714	0.3638	0.3372	0.3366	0.3405	0.3939	0.4411	0.465	0.351
陕西	0.1597	0.1162	0.1762	0.2146	0.3053	0.412	0.4212	0.5362	0.54	0.4734	0.3429	0.5695	0.3556
甘肃	0.323	0.2558	0.3104	0.2423	0.1917	0.2553	0.1621	0.2606	0.2462	0.2418	0.185	0.2082	0.2402
青海	0.3222	0.5121	0.5705	0.2758	0.1326	0.1093	0.1122	0.1578	0.2898	0.3786	0.6946	0.3505	0.3255
宁夏	0.1196	0.1217	0.1088	0.1505	0.1621	0.1293	0.1582	0.186	0.1991	0.2494	0.2569	0.2812	0.1769
新疆	0.2551	0.1732	0.2695	0.165	0.2909	0.196	0.1737	0.2172	0.2729	0.2893	0.2809	0.3191	0.2419
西部平均	0.2292	0.2345	0.2747	0.2495	0.2894	0.2978	0.2904	0.373	0.3993	0.4269	0.4014	0.451	0.3252
全国平均	0.2718	0.2787	0.3367	0.363	0.4183	0.4608	0.4052	0.4723	0.4827	0.4867	0.4559	0.5402	0.3047

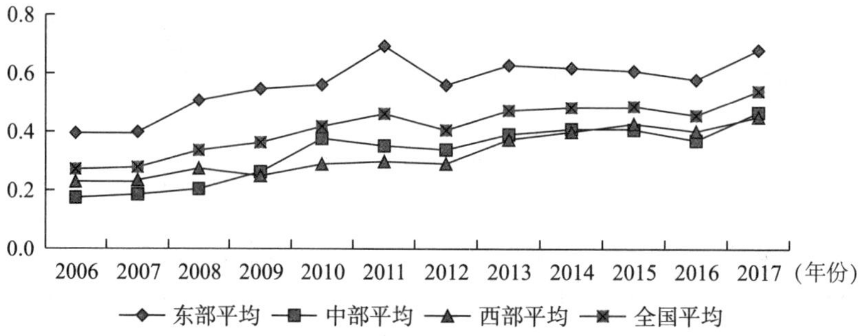

图3-15　东、中、西部及全国绿色科技研发效率

结合测度结果和东部、中部、西部及全国曲线图可以看出，在绿色科技研发阶段，2006—2017年中国绿色科技研发效率平均水平为0.3047，东部、中部以及西部平均水平分别为0.5648、0.3281和0.3252，整体上来看，绿色科技研发效率较低，仍具有较大的提升空间，而且呈现东部高于中西部的局势，与钱丽等（2015）的结论相左。从曲线图来看，东、中、西部地区12年间绿色科技研发效率提升速度较缓慢，从省域角度可以看出，处于较高水平的省份主要集中在东部沿海地区，如广东、江苏、上海、浙江等，这些地区充分利用自身地理优势和市场环境，吸引人才会集并吸收外国先进管理经验；而低水平的省份主要集中在中、西部落后地区，如宁夏、陕西、内蒙古等，这些地区由于起步较晚，整体发展水平落后，资源要素的匹配还不够完善，科技创新机制的健全程度不及东部地区，发展后劲和潜力巨大，有待进一步深化。

总体来看，绿色科技研发效率的低下可以归结为自主创新能力的薄弱。其中，创新激励机制不完善，使市场缺乏公平的竞争环境，阻碍了良好的创新环境和文化的有效形成。与此同时，资源配置水平和企业管理效率的低下，使市场难以将研发投入转化成更多的科技成果。

在第二阶段（绿色科技成果转化阶段），中国30个省份和各地区及全国的效率结果如表3-7、图3-16所示。2006—2017年中国绿色科技研发效率平均水平为0.5903，东部、中部以及西部平均水平分别为0.8316、0.5447和0.3460，同样具有较大的提升空间，呈现东部高于中西部的局势。

表 3－7　绿色科技成果转化阶段效率

省份	2006 年	2007 年	2008 年	2009 年	2010 年	2011 年	2012 年	2013 年	2014 年	2015 年	2016 年	2017 年	均值
北京	0.9555	1.0000	1.0442	0.8048	1.0000	0.9537	1.0000	0.9245	1.0000	0.9359	1.1352	1.5079	1.0218
天津	0.8309	1.1201	1.1002	0.7776	0.8432	0.8017	0.7589	0.8607	0.9044	1.0000	1.0033	0.9286	0.9108
河北	0.5076	0.4989	0.5297	0.5451	0.5011	0.6618	0.6272	0.6171	0.6567	0.6685	0.6278	0.6804	0.5935
辽宁	0.4236	0.4721	0.4521	0.6180	0.5201	0.5864	0.6407	0.6807	0.5890	0.4011	0.2742	0.5113	0.5141
上海	0.9073	0.9492	0.9516	0.9861	0.7503	0.8634	0.7179	0.6897	0.7323	0.6257	0.8276	0.8402	0.8201
江苏	0.6216	0.7045	0.7101	0.7312	0.8261	0.7734	0.8746	0.8133	0.8898	0.8898	1.1107	1.1373	0.8402
浙江	0.5617	0.5135	0.4978	0.4459	0.5612	0.5292	0.6332	0.7460	0.8426	0.9232	1.2772	1.3294	0.7384
福建	0.7014	0.7000	0.7095	0.7573	0.8019	0.9027	0.8478	0.8101	0.9146	0.8935	1.0433	0.9870	0.8391
山东	0.7805	0.7971	0.7851	0.9257	0.9159	0.9342	1.0084	1.0020	1.0059	0.9481	1.0000	1.0692	0.9310
广东	0.7810	0.8317	0.8053	0.7636	0.9957	0.9181	0.8892	0.9390	0.9942	0.9730	1.0879	1.1740	0.9294
海南	2.8777	1.8588	1.4620	0.9123	1.2994	0.6835	1.0000	0.4427	0.4587	0.3180	0.3849	0.4077	1.0088
东部平均	0.9044	0.8587	0.8225	0.7516	0.8195	0.7826	0.8180	0.7751	0.8171	0.7797	0.8884	0.9612	0.8316
山西	0.5469	0.5761	0.5051	0.3593	0.2826	0.2688	0.2801	0.2570	0.2205	0.2154	0.2673	0.2733	0.3377
内蒙古	0.6697	0.6192	0.7531	0.6086	0.6650	0.6180	0.6395	0.4691	0.3826	0.4287	0.4903	0.5094	0.5711
吉林	0.4682	0.022	0.1031	0.5694	0.9222	0.2327	0.022	0.4572	0.5467	0.6900	0.6700	0.7101	1.0278
黑龙江	0.3308	0.3160	0.2819	0.2926	0.2347	0.1951	0.1992	0.1923	0.1721	0.1760	0.1971	0.2132	0.2334
安徽	0.2827	0.3478	0.3469	0.2608	0.3438	0.3190	0.3892	0.3852	0.4069	0.4211	0.4826	0.5572	0.3786
江西	0.7531	0.7728	0.7309	0.5846	0.6675	0.5440	0.6186	0.6365	0.6067	0.7602	0.8340	0.8852	0.6995
河南	0.5512	0.6027	0.5516	0.4524	0.4793	0.6170	0.5558	0.7114	0.7550	0.8494	1.0000	0.8793	0.6671

续表

省份	2006年	2007年	2008年	2009年	2010年	2011年	2012年	2013年	2014年	2015年	2016年	2017年	均值
湖北	0.3570	0.3938	0.5037	0.4487	0.3718	0.3837	0.5350	0.5656	0.5858	0.5837	0.6632	0.7641	0.5130
湖南	0.4404	0.4737	0.5016	0.5500	0.3275	0.3525	0.4130	0.4571	0.4700	0.5357	0.7068	0.8522	0.5067
广西	0.8643	0.7630	0.4657	0.4661	0.4351	0.3898	0.4435	0.4431	0.4078	0.4358	0.5025	0.5309	0.5123
中部平均	0.5264	0.4887	0.4744	0.4592	0.4729	0.3921	0.4096	0.4575	0.4554	0.5096	0.5814	0.6175	0.5447
重庆	0.3696	0.4411	0.5276	0.5193	0.5739	0.5583	0.4916	0.4658	0.5665	0.5849	0.6706	0.7061	0.5396
四川	0.3387	0.3370	0.4395	0.4962	0.3716	0.4151	0.3469	0.3662	0.3642	0.3452	0.4674	0.5119	0.4000
贵州	0.4835	0.3376	0.2622	0.1769	0.2029	0.2210	0.1897	0.1712	0.1788	0.1923	0.2715	0.2283	0.2430
云南	0.3962	0.5250	0.3571	0.3002	0.2589	0.2724	0.2990	0.2772	0.2683	0.2714	0.2805	0.3027	0.3174
陕西	0.3575	0.5389	0.3781	0.3737	0.3238	0.3125	0.2635	0.2439	0.2723	0.2782	0.3563	0.3729	0.3393
甘肃	0.2508	0.3098	0.2429	0.2237	0.2991	0.2461	0.3794	0.2933	0.2975	0.2447	0.2073	0.2777	0.2727
青海	0.3244	0.2108	0.2458	0.2786	0.1811	0.1234	0.1400	0.1509	0.1426	0.3727	1.0000	0.4574	0.3023
宁夏	0.6386	0.5011	0.6605	0.5698	0.3829	0.4063	0.3986	0.3868	0.2745	0.2691	0.1891	0.3363	0.4178
新疆	0.1915	0.3607	0.3589	0.3176	0.2869	0.2609	0.2821	0.2640	0.2567	0.2578	0.2642	0.2852	0.2822
西部平均	0.3723	0.3958	0.3858	0.3618	0.3201	0.3129	0.3101	0.2910	0.2913	0.3129	0.4119	0.3865	0.3460
全国平均	0.6521	0.6298	0.6088	0.5705	0.5542	0.5448	0.5628	0.5240	0.5455	0.5600	0.6541	0.6769	0.5903

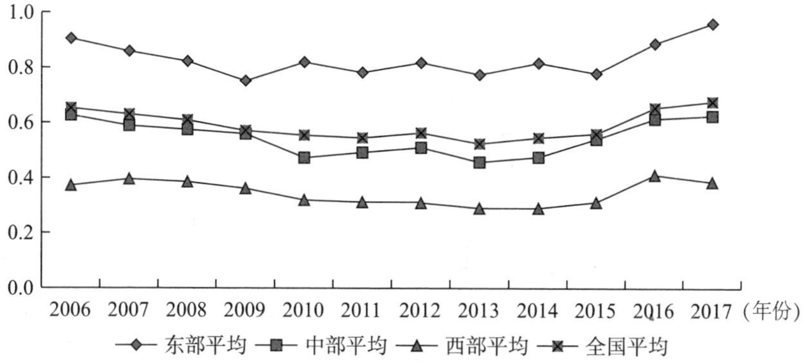

图 3－16　东、中、西部及全国绿色成果转化效率

从图 3－16 来看，东部、中部和西部地区 12 年间绿色科技成果转化效率变动幅度较小，从省域角度可以看出，处于较高水平的省份同样主要集中在东部沿海地区，如北京、山东、海南等，而低水平的省份同样主要集中在中、西部落后地区，如贵州、甘肃、新疆等。结合现实不难理解，由于在绿色技术创新过程中，第一阶段的绿色科技研发能够较大程度上影响第二阶段的绿色科技成果转化，因此两个阶段效率差别较小符合逻辑和常理。

总体来看，无论是绿色科技研发阶段还是绿色科技成果转化阶段，导致中国总体绿色技术创新效率水平不高的原因是阶段性效率水平较低，可见提高绿色技术创新效率依然任重道远。

根据第一阶段和第二阶段的绿色科技研发和绿色科技成果转化效率测度结果，并结合式（3－1），最终测得中国 30 个省份和各地区及全国工业绿色技术创新效率结果如表 3－8、图 3－17 所示。

从省域层面来看，中国工业绿色创新效率整体水平平均得分前三的省份分别是北京（0.8670）、广东（0.8664）、海南（0.7419），得分中间两名的省份分别是江西（0.3499）、安徽（0.3286），得分后三的省份分别是黑龙江（0.0969）、新疆（0.1121）、贵州（0.1124）。具体而言，北京、广东等省份一直是中国经济发展的先进带头区，积聚了充足的科技、人才和资源，已进入创新驱动阶段，工业绿色技术创新水平较高理所当然。而黑龙江、内蒙古、新疆等省份相对来说经济发展水平较为落后，同时，资源要素的匹配较欠缺，绿色技术创新机制还不够健全，工业发展较多

表 3-8 绿色技术创新效率

省份	2006 年	2007 年	2008 年	2009 年	2010 年	2011 年	2012 年	2013 年	2014 年	2015 年	2016 年	2017 年	均值
北京	0. 5454	0. 6405	1. 0113	0. 6577	0. 7795	0. 7436	0. 7699	0. 8378	0. 9726	0. 8549	1. 1486	1. 4422	0. 8670
天津	0. 6010	0. 6325	0. 6913	0. 6413	0. 6500	0. 6065	0. 6105	0. 6925	0. 7230	0. 7902	0. 7378	0. 7855	0. 6802
河北	0. 1379	0. 1572	0. 1757	0. 1969	0. 2114	0. 2492	0. 3011	0. 3221	0. 3421	0. 3554	0. 3464	0. 3674	0. 2636
辽宁	0. 1424	0. 1634	0. 1806	0. 238	0. 2549	0. 2728	0. 2978	0. 3534	0. 3295	0. 2342	0. 1575	0. 2284	0. 2377
上海	0. 5189	0. 5188	0. 4634	0. 4936	0. 5657	0. 5689	0. 5273	0. 5262	0. 5518	0. 4901	0. 5561	0. 5800	0. 5301
江苏	0. 3859	0. 4571	0. 5181	0. 5395	0. 6020	0. 5966	0. 6855	0. 7550	0. 7730	0. 8115	1. 0309	1. 0808	0. 6863
浙江	0. 4536	0. 4724	0. 4577	0. 4128	0. 5071	0. 4837	0. 5079	0. 6367	0. 6598	0. 7108	1. 0271	1. 2190	0. 6290
福建	0. 3625	0. 3810	0. 4001	0. 4079	0. 4794	0. 5457	0. 5140	0. 5340	0. 5899	0. 5884	0. 6425	0. 7980	0. 5203
山东	0. 3646	0. 4096	0. 4504	0. 5322	0. 5296	0. 5293	0. 6118	0. 6673	0. 7047	0. 7108	0. 7241	0. 8220	0. 5881
广东	0. 5667	0. 5919	0. 6685	0. 6674	0. 9109	0. 8754	0. 838	0. 9356	0. 9663	1. 0203	1. 1053	1. 2502	0. 8664
海南	1. 4051	0. 7748	1. 0475	1. 0563	1. 037	1. 0246	0. 8649	0. 3905	0. 418	0. 2743	0. 2665	0. 3434	0. 7419
东部平均	0. 4986	0. 4727	0. 5513	0. 5312	0. 5934	0. 5906	0. 5935	0. 6046	0. 6391	0. 6219	0. 7039	0. 7560	0. 5964
山西	0. 1049	0. 1087	0. 1005	0. 0975	0. 0924	0. 1062	0. 1154	0. 1248	0. 1151	0. 104	0. 1162	0. 1967	0. 1152
内蒙古	0. 1435	0. 1465	0. 1600	0. 1560	0. 1865	0. 1662	0. 1540	0. 1585	0. 1408	0. 1515	0. 1657	0. 2458	0. 1646
吉林	0. 3107	0. 3384	0. 3768	0. 587	0. 4559	0. 5118	0. 5013	0. 3139	0. 5444	0. 6004	0. 6097	0. 7374	0. 4906
黑龙江	0. 0810	0. 0991	0. 0900	0. 1042	0. 1038	0. 0938	0. 0922	0. 0949	0. 0905	0. 0982	0. 0981	0. 1171	0. 0969
安徽	0. 1536	0. 1634	0. 1865	0. 2295	0. 2910	0. 3114	0. 3512	0. 3894	0. 4156	0. 4420	0. 4990	0. 5102	0. 3286
江西	0. 1698	0. 1945	0. 2026	0. 1862	0. 2262	0. 2230	0. 2955	0. 3663	0. 4614	0. 5552	0. 6505	0. 6678	0. 3499
河南	0. 1940	0. 2473	0. 2469	0. 2681	0. 2920	0. 3128	0. 3089	0. 4287	0. 4828	0. 5687	0. 6729	0. 6903	0. 3928

续表

省份	2006 年	2007 年	2008 年	2009 年	2010 年	2011 年	2012 年	2013 年	2014 年	2015 年	2016 年	2017 年	均值
湖北	0. 1298	0. 1823	0. 2286	0. 2477	0. 2848	0. 2891	0. 3401	0. 3797	0. 4267	0. 4413	0. 4758	0. 4918	0. 3265
湖南	0. 1817	0. 1876	0. 2293	0. 2816	0. 3064	0. 317	0. 3373	0. 354	0. 3575	0. 3988	0. 4333	0. 4586	0. 3202
广西	0. 1226	0. 1451	0. 1603	0. 1903	0. 2096	0. 1980	0. 2048	0. 2418	0. 2444	0. 2760	0. 3139	0. 3591	0. 2222
中部平均	0. 1469	0. 1668	0. 1821	0. 2158	0. 2239	0. 2331	0. 2496	0. 261	0. 3035	0. 3360	0. 3721	0. 4018	0. 2577
重庆	0. 1935	0. 2428	0. 2922	0. 2995	0. 3872	0. 4008	0. 3526	0. 3786	0. 4722	0. 5036	0. 5313	0. 5594	0. 3845
四川	0. 1467	0. 1538	0. 2047	0. 2484	0. 2214	0. 2545	0. 2468	0. 3066	0. 3089	0. 3178	0. 3348	0. 3681	0. 2594
贵州	0. 0914	0. 0836	0. 0748	0. 0751	0. 0995	0. 1154	0. 1017	0. 1050	0. 1154	0. 1142	0. 1550	0. 2183	0. 1124
云南	0. 1287	0. 1926	0. 1633	0. 1505	0. 1424	0. 1595	0. 1774	0. 1721	0. 1834	0. 1844	0. 2081	0. 2163	0. 1732
陕西	0. 1136	0. 1383	0. 1377	0. 1706	0. 1968	0. 1977	0. 1759	0. 1966	0. 2168	0. 2151	0. 2367	0. 2496	0. 1871
甘肃	0. 1164	0. 1319	0. 1254	0. 1161	0. 1350	0. 1402	0. 1570	0. 1703	0. 1729	0. 1459	0. 0987	0. 1651	0. 1396
青海	0. 1665	0. 1492	0. 1882	0. 1501	0. 0544	0. 0324	0. 0399	0. 063	0. 0727	0. 2450	0. 8473	0. 9676	0. 248
宁夏	0. 1023	0. 0865	0. 0993	0. 1148	0. 0911	0. 0913	0. 1125	0. 1396	0. 1144	0. 1434	0. 1043	0. 2088	0. 1174
新疆	0. 0545	0. 0748	0. 1127	0. 0700	0. 1095	0. 0852	0. 0920	0. 1118	0. 1402	0. 1589	0. 1633	0. 1725	0. 1121
西部平均	0. 1237	0. 1393	0. 1554	0. 1550	0. 1597	0. 1641	0. 1617	0. 1826	0. 1997	0. 2254	0. 2977	0. 3188	0. 1903
全国平均	0. 2689	0. 2707	0. 3095	0. 3132	0. 3401	0. 3435	0. 3493	0. 3635	0. 3954	0. 4076	0. 4714	0. 5546	0. 3657

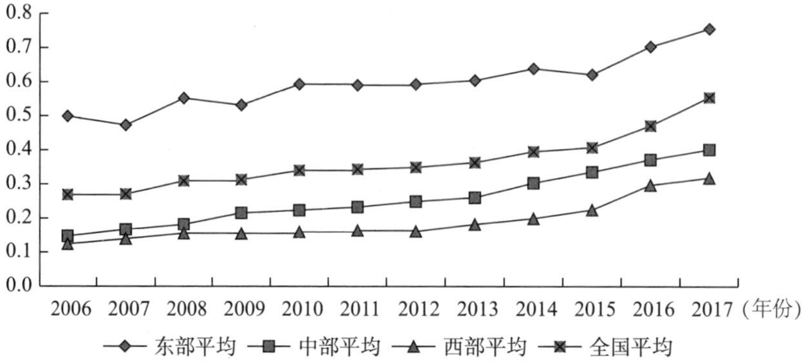

图 3-17　东、中、西部及全国绿色技术创新效率

以能源驱动为主，绿色技术创新能力需要进一步提高。另外，考察年份内，除海南省外，其余29个省份工业绿色技术创新效率均呈现不同程度的上升趋势，特别是北京、江苏、浙江等省份工业绿色技术创新效率上升幅度较大。

从区域层面看，中国工业绿色技术创新效率水平为东部地区高于中部地区，中部地区高于西部地区。东部地区工业绿色技术创新效率上升幅度最大，尽管中、西部地区的河南和青海的绿色技术创新效率也较高，但整体仍不及东部地区。造成这些现象的原因是多方面的，根据中国目前经济发展现实情景，东部地区一直是中国最发达的地区，是中国经济发展的先进带头区，积聚了充足的资源、科技、人才，已进入创新驱动阶段，技术创新能力较高，加上其在资源、地理位置上的区位优势，使其工业绿色技术创新效率一直处于较高水平。特别是东部地区“低消耗、低污染、高效率”的集约型经济发展方式及其在资源、地理位置上的区位优势和教育、科技、政策优势，在工业绿色技术创新过程中起到了关键性的积极作用。而中、西部地区由于起步较晚，地区整体的发展一直较为落后，资源要素的匹配还不够完善，技术创新的健全程度低于东部地区，发展后劲和潜力巨大，有待进一步深化。可见，所测算的结果同现实中多数学者“东部地区最优、中游地区次之、西部地区较差”的研究结果较为吻合。

结合省级和区域两个层面可以看出，中国工业绿色技术创新效率的整体水平从东部地区到中部地区再到西部地区逐渐下降，并且在各区域之间呈边缘化、内部趋同现象。另外，根据测算结果还可以看出，中国工业绿色技术创新水平在空间上呈现出一定的集聚特征。近年来，构建市场为导向的绿色技术创新体系成为中国绿色发展的主要动力，绿色技术创新正在成为全球新一轮工业革命的重要组成部分。因此，正确分析中国工业绿色技术创新效率的积聚特征和空间差异性，研究各区位单元在空间上的分布规律，根据研究规律发现中国工业绿色技术创新过程中所存在的问题并探索出可实现的解决方法，对促进中国工业绿色技术创新具有实际的意义。

第三节　中国工业绿色技术创新的空间效应分析

一、空间自相关模型

空间自相关是用来检验具有相邻空间点的要素属性值是否存在相关性的指标，通常根据 Moran's I 指数计算结果进行分析说明。在具体的实证分析过程中，空间自相关的测度可以细分为以下两个部分：

（一）全局空间自相关

该计算结果用来说明所要研究对象的属性值在该区域内的空间特征，用来衡量要素属性在总体空间上的积聚状态，通过 Moran's I 指数的计算结果可以进行评判。具体公式为：

$$I = \frac{n\sum_{i=1}^{n}\sum_{j=1}^{n}W_{ij}\,|x_i - x||x_j - x|}{\sum_{i=1}^{n}\sum_{j=1}^{n}W_{ij}\sum_{i=1}^{n}|x_j - x|^2} \tag{3-5}$$

其中，I 为全局 Moran's I 指数，n 为研究对象个数，x_i，x_j 为要素 i、j 地理单元的属性值，W_{ij} 为空间权重矩阵，x 为均值。I 的取值范围为 [-1，1]，当其值为负时，表明所研究区域在整体上呈负相关，当其值为正时，表明所研究区域在整体上呈正相关，当其值为零时，不存在相关性。用统计量 $Z(I)$ 来对 Moran's I 进行检验。具体公式为：

$$Z(I) = \frac{I - E(I)}{S(I)}, S(I) = \sqrt{\mathrm{var}(I)} \tag{3-6}$$

（二）局域空间自相关

现实情况下常存在空间异质性及空间差异等现象，但全局空间自相关仅仅是在假定空间同质的情况下计算得出的结果。局部空间关联指数（LISA）可以用来考量低值和高值在空间上的积聚或离散效应，以此衡量区域内的空间关联程度，用来弥补使用全局自相关分析检验时的不足。具体公式为：

$$I_i = \frac{X_i - \bar{X}}{S}\sum_{j=1}^{N} W_{ij}(X_j - \bar{X}) \tag{3-7}$$

其中，$S = \frac{\sum_{j=1,j\neq i}^{N} X_j^2}{N-1} - \bar{X}^2$，用统计量 Z 来对 Moran's I 进行检验。$Z(I_i) = \frac{I_i - E(I_i)}{S(I_i)}$，$S(I_i) = \sqrt{\mathrm{var}(I_i)}$。在 Moran 局部空间自相关散点图中，区域单元被划分为四个象限，其中第一象限为高高（H－H）集聚区，第二象限为低高（L－H）集聚区，第三象限为低低（L－L）集聚区，第四象限为高低（H－L）集聚区。

二、空间自相关测度和分析

Moran's I 指数在测度过程中需要选择空间权重。空间权重是空间关联性和空间溢出效应的基础，选择合理的权重矩阵成为必要。为了增加结果的稳健性，参考现有文献，本书选择两个空间权重矩阵指标：

（一）地理邻接权重矩阵

采用车相邻方法构建地理邻接权重矩阵，两个省份相邻取值为 1，不相邻则为 0，同时对矩阵进行标准化。由于海南省不与任何省份相邻，采取多数文献做法，假定海南省与广东省相邻。

（二）经济地理距离空间权重矩阵

该空间权重矩阵同时考虑了地区间地理距离和经济距离空间因素，弥补只考虑单一 $W = W_d diag(\overline{Y_1}/\bar{Y}, \overline{Y_2}/\bar{Y}, \cdots, \overline{Y_n}/\bar{Y})$ 空间因素的弊端。参考李婧等（2010）的做法，构建经济地理距离空间权重矩阵，其中，W_d 为地理距离空间权重，$W_d = 1/d_{ij}$（d_{ij}表示地区间的直线距离），$\overline{Y_n}$ 为第 n 个省份 2006—2017 年人均实际 GDP 平均值，$\bar{Y}$ 为所有省份 2006—2017 年人均实际 GDP 平均水平，最后对经济地理距离空间权重矩阵也进行标准化处理。

应用 Stata14.0 计算中国工业绿色技术创新效率，本书以地理邻接和经济地理距离两种空间权重对 2006—2017 年的 Moran's I 指数进行显著性检验（见表 3-9）。当 0 < Moran's I < 1 时，表示地区绿色技术创新效率呈空间正自相关，即绿色技术创新效率高的地区与高效率地区相邻或低效率地区与低效率地区相邻；当 -1 < Moran's I < 0 时，则表示呈空间负自相关，即高值绿色技术创新效率区域与低值效率区域相邻。

表 3-9 给出了 2006—2017 年基于地理邻接权重和经济地理距离权重绿色技术创新效率历年的全局莫兰指数。从表中可以看出，基于地理邻接权重，Moran's I 结果分布在 0.245 ~ 0.542，并且所有 Moran's I 指数均为正值且除 2016 年外均在显著性水平为 0.05 的情况下通过 p 值检验；基于经济地理距离空间权重，Moran's I 结果分布在 0.106 ~ 0.209，同样，所有 Moran's I 指数均为正值，在显著性水平为 0.10 的情况下均通过 p 值检验。由以上分析可见，无论是基于何种空间权重矩阵，Moran's I 值均为正值，且在 10% 水平下均通过了显著性检验，表明绿色技术创新效率存在较强的空间正相关关系。

表 3-9 2006—2017 年绿色技术创新效率 Moran's I 值

年份	地理邻接权重		经济地理距离权重	
	Moran's I	p 值	Moran's I	p 值
2006	0.365	0.001	0.128	0.093
2007	0.493	0.001	0.209	0.012
2008	0.430	0.003	0.183	0.027
2009	0.404	0.002	0.114	0.080
2010	0.518	0.001	0.169	0.051
2011	0.511	0.001	0.147	0.094
2012	0.542	0.001	0.162	0.064
2013	0.477	0.001	0.193	0.028
2014	0.437	0.002	0.149	0.094
2015	0.350	0.003	0.106	0.060
2016	0.245	0.063	0.175	0.042
2017	0.342	0.003	0.129	0.092

另外，从时间维度上研究可以发现，中国工业绿色技术创新效率的积聚程度在不同时间段呈现不同的变化波动，可以看出中国工业绿色技术创新效率水平相近的区域在空间上呈现出变动状态的积聚现象。

莫兰散点图划分为四个象限，不同象限反映着区域间的不同相关关系。由实证结果可以看出，中国工业绿色技术创新效率的 Moran's I 散点在空间直角坐标系中以第一象限和第三象限居多，第一象限的高高（H－H）集聚区表示所研究区域与相邻区域的工业绿色技术创新效率较其他区域高，空间关联呈现出扩散效应的特点，第三象限的低低（L－L）集聚区表示该区域与相邻区域的工业绿色技术创新效率较其他区域低，空间关联呈增长缓慢的特点，而第二象限的低高（L－H）集聚区表示所研究区域的工业绿色技术创新效率低于相邻区域，空间关联呈现过渡区域的特点，第四象限的高低（H－L）集聚区表示所研究区域的工业绿色技术创新效率高于相邻区域，空间关联呈现极化效应的特点。

东部地区聚集着中国经济中心城市，在经济、科技、教育、文化等方面一直高于全国平均水平，具备产业结构合理、科学技术先进、资金支持充足等优势条件。资源优势使其在工业绿色创新过程中具有得天独厚的优势，也促进了东部省份在发展好本地区经济的同时带动周边地区发展，缩小地区差距。而中、西部地区相较于东部地区而言，经济发展水平相对落后，整体优势不及东部地区显著，需要进一步提升。

总体来看，不论是东部地区还是中西部地区，集聚情况均较为稳定，显示出较强的路径依赖性。

第四节　本章小结

本章首先从中国工业技术创新现状和工业污染现状两个方面对中国工业绿色技术创新的现状进行了整体的分析和说明，通过对东部、中部和西部地区以及全国层面的中国工业绿色技术创新投入产出的整体现状和污染产出及治理现状的分析说明，从侧面反映出中国工业绿色技术创新情况。其次对2006—2017年中国工业绿色创新效率进行了测度和空间效应的分析，以动态演变趋势和空间溢出作为视角对中国工业绿色技术创新效率的影响因素进行了实证检验与效应分解。最后基于空间溢出视角运用 Moran’s I 指数分析了中国工业绿色技术创新效率的空间相关性。

研究结果表明：①研究区间内（2006—2017 年）中国工业绿色技术创新的投入和产出逐年增加，但整体水平较低；中国工业绿色技术创新整体增长幅度远高于中国工业污染排放，一定程度上从侧面反映出近年来中国的绿色技术创新得到了积极发展，整体上取得了一定的成绩。②中国工业绿色创新效率整体水平不高，绿色技术创新效率值呈现由东部地区到中部地区再到西部地区逐渐下降的分布格局，且各地区集聚情况较为稳定。③中国工业绿色技术创新效率表现出较强的空间相关性，具有较稳定的路径依赖特征，西部地区呈现低—低集聚现象，东部地区呈现高—高集聚现象。

第四章 异质性环境规制对中国工业绿色技术创新效率的影响分析

第一节 中国环境规制的发展演进

20 世纪 70 年代至今，中国的环境规制经过了 40 多年的发展变迁，从最初的匮乏到今天的逐渐完善，对我国经济的可持续发展和绿色技术创新起到积极作用。与此同时，经济快速发展所带来的环境污染积累问题使污染治理变成长期过程，在当前国家大力倡导绿色技术创新的背景下，环境规制的合理实施成为提升绿色技术创新效率不可或缺的因素。因此，本节首先从发展与现状论述中国的环境规制，为后文实证分析其对工业绿色技术创新效率的影响做好铺垫。

一、中国环境规制的历史变迁

（一）起步阶段（1970—1982 年）

20 世纪 70 年代之前，由于我国发展水平较低，生产力落后，对生态环境的破坏并不明显，因此环境保护问题并没有得到重视。随后，由于重工业的快速发展，加之计划经济体制在环境保护方面存在的弊端，环境问题开始得到政府相关部门的重视。1972 年，中国参加了联合国在瑞典召开的第一届联合国会议，标志着中国环保事业正式起步。1973 年，中国召开第一次全国环保会议，并通过《关于保护和改善环境的若干规定（试行草案）》，提出要做好全面规划、合理布局工业、逐步改善老城市环境、综合利用“三废”、加强土壤和植物保护、加强水系和海域管理、植树造林、开展环境监测工作和宣传教育工作等内容。同年，《工业“三废”排放实行标准》颁布实施，对中国工业污染源排出的废气、废水和废渣的容许排放量、排放浓度等作了进一步的详细规定。1994 年，国务院环境保护小组正式成立，专门管理国家相关环境规划的制定和实施等问题。

1978 年，中共十一届三中全会的召开拉开了经济体制改革的序幕，环境保护被写入《中华人民共和国宪法》，逐步走向制度化和法治化。1979 年，国务院颁布《中华人民共和国环境保护法（试行）》，这是中国第一部专门的环境保护法，明确了与环境保护相关的基本内容、工作方针、职责单位、守法部门等一系列内容，并对自然环境的保护、污染和其他公害的防治、环保机构职责、科研和教育宣传等内容进行了明确的条文规定，该法律法规的建立和实施为中国环境保护相关问题奠定了法律基础。1982 年颁布的《征收排污费暂行办法》，对污染单位的处置、排污收费标准、环保资金补助等内容进行说明，将排污标准进行了更深入的细化，为排污费用的征收提供可行依据。

（二）发展阶段（1983—2001 年）

1983 年，第二次全国环保会议召开，这次会议总结了中国环保事业的经验教训，制定了中国环境保护的总体方针政策，推出了以合理开发利用自然资源为核心的生态保护策略，确定了将环境保护作为我国的基本国策。1984 年，为更好地实现党的十二大所倡导的促进社会主义经济建设新目标，促进经济发展和环境保护共同发展，以期环境状况满足人民日益增长的物质文化生活水平，国务院环境保护委员会发布《关于环境保护工作的若干决定》，对相关环境保护问题做出明确规定。随后，中国又逐步制定了海洋、草原、森林、大气、矿产、土地等自然资源法律法规。1989 年，第三次全国环保会议召开，会议提出要对环境的监管制度进行进一步深化，并通过《1989—1992 年环境保护目标和任务》和《全国 2000 年环境保护规划纲要》两份重要文件，确立三大政策①和八项制度②，以促进经

---

① 三大政策：“预防为主，防治结合”“谁污染、谁治理”和“强化环境管理”。

② 八项制度：环境目标责任制、综合整治与定量考核、污染集中控制、限期治理、排污许可证制度、环境影响评价制度、“三同时”制度、排污收费制度。

济环境协调发展。这次会议将环境保护国策具体化，同时使中国的环境保护进入制度化管理时代，随后一些更加具有针对性的环境保护法律法规逐渐颁布实施。1992 年，在参加完联合国环境与发展大会之后，我国颁布《中国环境保护行动计划》。1996 年，第四次全国环保会议召开，提出“保护环境就是保护生产力”的观点，做到保护环境与防治污染同步，将环境保护看作可持续发展的关键因素，意味着我国环境保护进入新阶段。为适应新阶段发展，国务院又先后颁布《关于加强环境保护若干问题的决定》《污染物排放总量控制计划》《中华人民共和国煤炭法》《中华人民共和国环境噪声污染防治法》等相关法律法规，并进一步修订了《环境保护法》等相关法律法规，逐渐建立并完善了中国环境保护的相关内容。

（三）深化阶段（2002 年至今）

2002 年，第五次全国环保会议召开，把环境保护作为政府的一项重要职能，为了履行好该职能，需要聚集全社会力量并顺应市场要求完成好该工作。同年，国家环境保护总局出版《全国生态环境保护“十五”计划》，在对过去的生态保护工作进行梳理总结和对中国生态环境进行评估的基础上，提出了新时期生态保护的指导原则、目标、指标、主要任务、实施对策措施和重点工程建设，要求开拓创新，提高生态保护的科技支撑能力，重视生态保护的科学研究和研究开发重要生态保护理论与技术，积极培养生态保护的科研人才和科技支撑能力。2006 年，第六次全国环保会议召开，指出要加快实现三个转变①，把环境保护摆在更加重要的战略位置。2007 年，第十七届全国人民代表大会提出加强“生态文明”建设，形成节约能源资源和保护生态环境的发展方式。同年，国务院颁布《节能减排综合性工作方案》，并对“十一五”规划中二氧化硫等污染物的排放总量进行了规定。2008 年，国家环保总局升级为环境保护部，并建立从中央到地方自上而下的环保体系。2011 年，第七次全国环保会议召开，强调在转变经济发展方式时期环境保护的重要性，同年，国务院颁布《关于加强环境

① 三个转变：从重经济增长轻环境保护转变为保护环境与经济增长并重，从环境保护滞后于经济发展转变为环境保护和经济发展同步，从主要用行政办法保护环境转变为综合运用法律、经济、技术和必要的行政办法解决环境问题。

保护重点工作的意见》。2014 年，对《中华人民共和国环境保护法》进行修订并在次年实行，要求用更加严格的法律制度保护生态环境，新修订的环境保护法被称作史上最严环保法。2016 年，国务院印发《“十三五”生态环境保护规划》，提出强化绿色科技创新引领和实施工业污染源全面达标排放与减排。2017 年，第十九届全国人民代表大会提出“人与自然和谐共生”的目标。自 2016 年开始，随着环境问题的加重，我国加快了相关环境保护法律法规的修订，仅 2016 年 7 月，就有《中国人民共和国水法》《中华人民共和国节约能源法》等六部法律得到修订。

可以看出，近几十年来，中国的环境政策经历了从无到有、由简到繁逐步完善的发展过程，中国的环境规制相关政策也随着社会环境的快速发展变化而持续不断地更新。与此同时，与发达国家相比，中国的环境规制相关政策措施、法律法规还不够完善，一些实施细则还不够具体明确，缺乏可操作性，有待进一步优化提升。

二、中国环境规制的类型及工具

仅通过市场自身调节作用，不能将环境污染产生的外部成本内部化，这会使市场变得没有效率而造成市场失灵现象。因此，为了提升资源配置效率，需要采取适当的政府干预措施，最终实现经济发展和环境保护的双赢。近年来，中国的环境规制逐步走向完善，环境规制措施从传统单一的命令控制型，慢慢调整为命令控制型为主、市场激励型和自主参与型为辅。

（一）命令控制型环境规制

命令控制型环境规制是由政府通过各种环保法律和行政手段，来控制污染企业行为，最终提升环境效绩的规制手段。一直以来，命令控制型环境规制被广泛应用于处理环境相关问题。按照命令控制型环境规制对污染施加影响的时间分类，可将命令控制型环境规制工具划分为事前、事中和事后三个阶段的工具。命令控制型环境规制主要有以下几种：

1. “三同时”制度

“三同时”制度是我国最早出台的环境规制制度，是在建设社会主义过程中总结出的有效经验，独具中国特色。“三同时”制度是指一切新建、改建和扩建的基本建设项目、技术改造项目、自然开发项目，以及可能对环境造成污染和破坏的其他工程建设项目中，防治污染和其他公害的设施和其他环境保护设施必须与主体工程同时设计、同时施工、同时投产使用的制度。1973年，国务院颁布《关于改善和保护环境的若干规定（试行）》，规定“一切新建、扩建和改建的企业，防治污染项目，必须和主体工程同时设计，同时施工，同时投产”。1979年出台的《中华人民共和国环境保护法（试行）》中确立了“三同时”制度的法律地位。1986年，国务院颁布的《建设项目环境保护管理办法》对“三同时”制度做了进一步的具体规定，1998年又对“三同时”制度做了更进一步的规定说明。“三同时”制度要求各级相关部门严格把关项目建设中的审查设计、竣工验收等环节，是一项有效的环境规制制度。截至2017年，我国累计完成建设项目“三同时”环保投资93900亿元，项目投资额显著增加。

2. 环境影响评价制度（EIA）

美国为最早实行该制度的国家。环境影响评价制度是一种事前命令控制型环境规制政策工具，要求政府相关部门在批注建设项目之前，报告其预期对环境产生的影响。1979年，我国颁布的《中华人民共和国环境保护法（试行）》将环境影响评价制度纳入其中，确立了其法律地位，规定企业在新建、改建和扩建工程时，必须对环境污染及其影响做出评价报告，经过相关部门批准才能实行。1981年发布的《基本建设项目环境保护管理办法》专门对环境影响评价的基本内容和程序作了规定。随后经过进一步修改补充，我国在1986年颁布了《建设项目环境保护管理办法》，进一步明确了环境影响评价的范围、内容、管理权限和责任。1989年，国务院颁布了《环境保护法》，规定了建设项目的环境影响报告书必须对建设项目产生的污染和对环境的影响做出评价。1998年，国务院颁布了《建设项目环境保护管理条例》，进一步提高了环境影响评价制度的立法规格，并对环境影响评价制度的细节进行了更加详细的修改补充。随后在1999年出台《建设项目环境影响评价资格证书管理办法》，使我国环境影响评价走上了专业化的道路。2002年，为了弥补《建设项目环境保护管理条例》的不足，第九届全国人民代表大会常务委员会第三十次会议通过的《中华人民共和国环境影响评价法》进一步扩展了环境影响评价的范围，包括了各类开发建设规划和经济发展规划的环境影响评价。《中华人民共和国环境影响评价法》是我国环境影响评价制度的里程碑，该法律的颁布实施使环境影响评价制度得到更深入的完善。近年来，随着环境影响评价制度日渐完善，各区域、省份、地区也结合自身实际制定了更加详细的准则，该制度已成为我国环境规制的常规工具。

3. 污染物排放标准控制

自 1973 年《工业“三废”排放试行标准》发布以来，我国已经对各污染物排放进行了控制，并形成较完整的污染物排放标准体系，国家颁布污染物排放标准控制制度，通过法律的形式对各种污染物排放标准进行了严格规定。《国家环境保护标准“十三五”发展规划》显示，经过 40 余年发展，我国已形成两级五类的环保标准体系，分别为国家级和地方级标准，类别包括环境质量标准、污染物排放（控制）标准、环境监测类标准、环境管理规范类标准和环境基础类标准。污染物排放标准涉及水污染、大气污染、固体废弃物污染、噪声污染等各个方面，内容全面，覆盖范围广，进一步加强了我国污染物排放标准的实施，提升了污染物排放标准的科学性与可操作性。

4. 排污许可证

排污许可证制度是指依法规范企事业单位排污行为的基础性环境管理制度，环境保护部门通过对企事业单位发放排污许可证并依证监管实施排污许可制。其实施过程一般包括排污的申报登记、排污总量的规划分配和审核发证及许可证的监督管理三个环节。目前，我国排污许可证的发展较为规范，2016 年，国务院发布《控制污染物排放许可实施方案》，对污染排放相关内容做出详细指示。同年，《排污许可证管理暂行规定》颁布，进一步加强污染许可证制度的管理和规范。计划到 2020 年，对固定污染源的全过程管理和多污染物协同控制进行全面涵盖。

（二）市场激励型环境规制

市场激励型环境规制通过市场信息并基于污染者付费原则，对污染排放者收取合理的费用。污染者为了获得自身利益的最大化，会主动实施最优污染排放。近年来，随着市场经济环境的完善，市场激励型环境规制越来越显示出其优越性。市场激励型环境规制主要有以下几种：

1. 排污收费制度

排污收费制度是指向环境排放污染物或超过规定的标准排放污染物的排污者，依照国家法律和有关规定按标准交纳费用的制度。早在1978年，我国就开始提出该项制度并在次年的《中华人民共和国环境保护法（试行）》中确立了其法律地位。1982年，国务院颁布《征收排污费暂行办法》，明确规定了排污费的征收标准。随后，为了加强对排污费征收、使用的管理，2003年国务院颁布《排污费征收使用管理条例》。20世纪以来，为了适应环境问题的变化，我国又陆续颁布了《排污费征收管理办法》《排污费征收工作稽查办法》等一系列相关法律法规，逐渐完善了排污费制度。排污收费制度的建立，对促进老污染源治理、控制新污染源排放、排污单位排污管理、提升资源能源综合利用效率具有重要的意义，但需要注意的是，排污收费制度本身的局限性和政策设计存在不足，例如强制性较差、覆盖范围狭窄等问题，给该制度的执行带来一些困难，需要继续优化。

2. 排污权交易制度

排污权交易制度是指在污染物排放总量控制指标确定的条件下，利用市场机制，建立合法的污染物排放权利即排污权，并允许这种权利像商品那样被买入和卖出，以此来进行污染物的排放控制，从而达到减少排放量、保护环境的目的。20世纪80年代，中国就在上海、天津等城市开始了排污权交易试点；90年代，为控制酸雨，中国在本溪和南通开展二氧化硫排污权交易试点；2007年，中国第一个排污权交易平台在浙江嘉兴挂牌成立；2014年国务院发布《关于进一步推进排污权有偿使用和交易试点工作的指导意见》；2017年，环保部发布推进环境污染第三方治理实施意见。目前，中国已有11个省、直辖市、自治区被批准为排污权交易试点，各试点工作初见成效，但由于存在法律不健全、体系不完善等问题，加上实施困难大、政府监管力度不够、地方保护主义严重等，排污权交易制度存在未来还需要进一步完善其法律法规建设、划定科学合理污染物排放容许排出量、污染源监控加强、交易市场和主题范围需要进一步扩大等具体问题。

3. 环境补贴制度

环境补贴制度是指政府在因为经济主体意识的偏差或资金的私有制不

能有效进行环保投资的情况下，为了解决环保问题，或是出于政治、经济原因而对企业进行各种补贴，以帮助企业进行环保设备、环保工艺改进的一种政府行为。中国自 1982 年已开始实施该项制度，随着社会的发展，环境补贴制度的实施范围和领域不断扩大。2009 年，国务院颁布的《环境保护、节能节水项目企业所得税优惠项目（试行)》规定了相关环保项目的补贴费用和减免政策。2016 年的《中华人民共和国环境保护税法》对税收减免进行更细致补充。环境补贴制度是在环境与贸易联系日益紧密的情况下出现的，对于发展中国家来说，由于多数企业无力承担环境污染治理费用，政府给予环境补贴就显得更为重要。环境补贴制度的实施对保护环境起到了积极作用，与其他市场激励型环境规制相比，具有更强的强制约束力，更加有效地促进了经济与环境保护的协调发展。

（三）自主参与型环境规制

自主参与型环境规制不具有强制约束力，是由企业、行业或公众主体自发组织形成的环保机构或组织所协议的环保内容。自主参与型环境规制起源于 20 世纪 50 年代的日本，随着环境问题复杂性的日益凸显，自主参与型环境规制工具作为补充环境规制工具弥补了命令控制型环境规制和市场激励型环境规制工具的不足，同时，也成为高质量生活需求下企业为树立良好公众形象所自觉遵守的环境规制形式。自主参与型环境规制主要包括两个种：

1. 信息公开制度

信息公开制度是指政府或企业通过信息披露的方式，及时准确地将环境信息公布于众。2007 年，国家环保总局发布《环境信息公开办法（试行)》，对政府环境信息和企业环境信息的公开范围进行规定，同时要求政府环保部门编辑环境信息公开目录，公开范围包括环境保护相关规范性文件，环境保护规划，环境质量状况，环境统计和环境调查信息，主要污染物排放总量指标分配及落实情况，排污许可证发放情况，大、中城市固体废弃物的种类、产生量、处置状况等信息等，共十七项要求。《环境信息公开办法（试行)》极大地促进了环保部门及企业公开环境信息，维护了公民、法人和其他组织获取环境信息的权益，推动公众参与环境保护。

2. 公众参与监督制度

公众参与监督制度是指公民、法人和其他组织作为主体，在其权利义务范围内有目的地介入和监管环境保护活动的制度，是公众环境权力的具体体现形式之一。中国先后出台了《环境影响评价公众参与暂行办法》《环境信息公开办法（试行）》《关于推进环境保护公众参与的指导意见》《关于培育引导环保社会组织有序发展的指导意见》等，均对公众参与做出了明确规定。2015年，国家环保总局发布《环境保护公众参与办法》，为保障公民、法人和其他组织获取环境信息、参与和监督环境保护的权利，畅通参与渠道，促进环境保护公众参与依法有序发展，提供了法规依据。这是首个对环境保护公众参与做出专门规定的部门规章。《环境保护公众参与办法》从顶层设计上统筹规划，全面指导和推进全国环境保护公众参与工作，对缓解当前环境保护工作面临的复杂形势、构建新型的公众参与环境治理模式、维护社会稳定、建设美丽中国具有积极意义。

第二节　异质性环境规制工具指标选择

第一节对环境规制的历史变迁和中国环境规制的类型及工具进行了更加具体的论述和说明，而在实证过程中仅仅进行分类说明是不够的，还需要具体进行实证分析。本节延续上文将环境规制分为命令控制型环境规制、市场激励型环境规制以及自主参与型环境规制。借鉴王红梅（2016）①、彭星和李斌（2016）②、薄广文等（2018）③ 对环境规制的分类及指标选取方法，选取受理行政处罚案件数，两会环境提案数，地方颁布环保法规、环境规章、环境标准总数为命令控制型环境规制指标，工业污染治理投资、排污费收入、环保验收项目环保投资金额为市场激励型环境

① 王红梅. 中国环境规制政策工具的比较与选择——基于贝叶斯模型平均（BMA）方法的实证研究［J］. 中国人口·资源与环境，2016（9）.

② 彭星，李斌. 不同类型环境规制下中国工业绿色转型问题研究［J］. 财经研究，2016（7）.

③ 薄文广，等. 地方政府竞争与环境规制异质性：逐底竞争还是逐顶竞争？［J］. 中国软科学，2018（11）.

规制指标，环境信访件数、环保系统实有人数、科研机构人数为自主参与型环境规制指标，如表4－1所示。

表4－1　环境规制指标分类及指标选取

一级指标	命令控制型环境规制			市场激励型环境规制			自主参与型环境规制		
二级指标	受理行政处罚案件数（件）	两会环境提案数（件）	地方颁布环保法规、环境规章、环境标准总数（个）	工业污染治理投资（亿元）	排污费收入（亿元）	环保验收项目环保投资金额（亿元）	环境信访件数（件）	环保系统实有人数（人）	科研机构人数（人）

另外，本书为了得到三种类型环境规制强度的具体水平，通过熵值法赋予各二级指标相应权重，避免主观赋权法的主观判断缺陷，从而得到各类型环境规制的综合指数。具体做法如下：

首先，对环境规制二级指标进行标准化处理以消除量纲影响。计算公式为：

$$ER_{\theta il}^{m} = [ER_{\theta il} - \min(ER_{\theta il})]/[\max(ER_{\theta il}) - \min(ER_{\theta il})] \quad (4-1)$$

其中，m 表示各类型环境规制指标，$m=1$ 表示命令控制型环境规制，$m=2$ 表示市场激励型环境规制，$m=3$ 表示自主参与型环境规制；θ 表示年份；i 表示不同的省份；l 表示一级指标下的二级细分指标；$\max(ER_{il})$、$\min(ER_{il})$ 分别表示 i 省份环境规制二级指标的最大值和最小值。

其次，计算各类型环境规制二级指标的权重。第 l 项二级指标所占的比重为：

$$p_{\theta il} = ER_{\theta il}^{m} / \sum_{\theta} \sum_{i} ER_{\theta il}^{m} \quad (4-2)$$

各指标的熵值 e_l 计算公式为：

$$e_l = -k \sum_{\theta} \sum_{i} (p_{\theta il} \cdot \ln p_{\theta il}), k = 1/\ln(h \cdot n) \quad (4-3)$$

其中，h、n 分别表示总的年份和总的省份数目；当 $p_{\theta il}=0$ 时，$p_{\theta il} \cdot \ln p_{\theta il}=0$。

由各指标的熵值可得到指标的权重为：

$$w_l = (1-e_l) / \sum_{l} (1-e_l) \quad (4-4)$$

最后，通过环境规制各二级指标的权重值可以计算各类型环境规制的综合指数，计算公式为：

$$ER^m = \sum_l (W_l \cdot ER^m_{\theta il}) \quad (4-5)$$

第三节 异质性环境规制影响中国工业绿色技术创新效率的具体分析

环境规制是中国环境管理正式制度中最为重要的政策，其设计和实施的目的是通过对环境规制政策工具的使用，激励或倒逼工业企业提升科技水平和治污能力，促进绿色技术创新效率提升。面对中国不同区域工业发展水平差异，本节将具体分析不同类型环境规制政策工具对中国工业绿色技术创新效率的贡献和其对本地区和邻近区域的提升效果，并根据实证结果提出调整和使用不同类型环境政策工具。

一、理论假设

关于环境规制对绿色技术创新的影响，争议一直存在。一方面，由于环境污染具有较强的跨界流动性和负外部性，各地区在实施环境规制政策时面临着周边地区“搭便车”行为。地方政府间的“逐底竞争”导致地区之间通过降低环境规制强度来获取经济利益，从而降低环境的治理效率（吴伟平等，2017）①。国家或地区的政策性行为使工业企业在面临环境规制时，会选择把污染转移到邻近管制较宽松区域，造成技术的外溢和污染的转移，尽管这种“零和游戏”在短期内可以减少污染，但长期来看有可能阻碍绿色技术创新效率的提升。另一方面，随着经济新体制、新形势的来临，地方政府为了增强本地的竞争优势，通过实施环境规制倒逼企业在生产技术领域转型升级，合理的环境规制通过“创新补偿”抵消“遵循成本”达到“倒逼减排效应”，促进绿色技术创新效

① 吴伟平，何乔.“倒逼”抑或“倒退”？——环境规制减排效应的门槛特征与空间溢出［J］.经济管理，2017（2）.

率的提升（王国印等，2011）[①]。总的来看，由于研究视角和方法的差异，不同学者得出环境规制对绿色技术创新效率影响的结论不同，但不论是从新古典经济学派的静态研究角度还是“波特假说”的动态研究角度开展研究，环境规制对绿色技术创新的空间外溢性都不应该被忽视。综上所述，提出假设1。

假设1：环境规制对工业绿色技术创新具有空间外溢效应。地区之间通过环境规制竞争影响绿色技术创新效果。

当前中国环境规制工具的主导方式从以命令控制型为主、市场激励型和自主参与型为辅，向命令控制型和市场激励型为主、自主参与型为辅转变。其中，命令控制型环境规制通过国家行政管理部门制定强制性的市场准则，迫使企业提高资源利用效率，降低污染排放，提高绿色技术创新效率（王红梅，2016）；市场激励型环境规制通过市场机制的自主调节作用，给予企业更多自主选择，促进其自发地减少排污行为（刘新民等，2016）[②]；自主参与型环境规制通过社会公众道德、舆论等方式间接增强公众环保意识，依靠公众力量提升环境治理效率，促使企业选择绿色技术创新。从执行特征来看，不同类型环境规制工具对绿色技术创新效率的影响特征也存在差别，三种环境规制类型分别具有技术强制性、市场灵活性和自愿主动性特征（王小宁等，2015）[③]。从执行效果来看，不同类型环境规制的有效综合体制并未完成，实施效果有待加强（李斌等，2016）[④]。通过以上分析，鉴于环境规制制定方式和实施效果的差异性，提出假设2。

假设2：不同类型环境规制对绿色技术创新效率的影响效果不同。命令控制型环境规制和市场激励型环境规制对绿色技术创新效率的影响较

---

① 王国印，王动．波特假说、环境规制与企业技术创新——对中东部地区的比较分析［J］．中国软科学，2011（1）．

② 刘新民，杜素珍，王松．环境规制对低碳经济发展的直接与间接效应分析［J］．山东科技大学学报（社会科学版），2016（4）．

③ 王小宁，周晓唯．市场化进程下的西部地区环境规制研究［J］．技术经济与管理研究，2015（5）．

④ 李斌，陈崇诺．异质型环境规制对中国工业能源效率影响的实证检验［J］．统计与决策，2016（5）．

大，自主参与型环境规制对绿色技术创新效率的影响较小。

在中国工业绿色技术创新效率提升过程中，由于不同类型环境规制工具的作用机制不同，东部地区与中西部地区鉴于自身经济发展水平差异，加上地理位置、资源环境、能源储备等原因造成的不同，在环境规制工具类型选择上也存在较大差异（彭星等，2016）。其中，东部沿海地区具有较为雄厚的实力，一方面能够较为积极地进行污染技术革新，提升环境的投入产出效率，另一方面也能综合利用不同类型的环境规制工具提升本地区工业绿色创新效率，“创新补偿”效应在东部地区得到充分的体现；而中西部地区经济基础相对薄弱，面对经济增长压力，不得已以牺牲环境作为代价，这不仅导致工业绿色技术创新效率低下，而且导致在环境规制工具的使用上以命令控制型为主，不能充分利用不同类型环境规制工具的优势提升工业绿色创新效率。综上所述，提出假设 3。

假设 3：东、中、西部地区对不同类型环境规制工具的选择存在空间上的异质性，相对于中西部地区而言，东部地区能够综合利用不同类型环境规制工具，提升工业绿色技术创新效率。

二、指标选取与实证分析

（一）控制变量指标选取及处理

由于被解释变量（绿色技术创新效率）和解释变量（命令控制型环境规制、市场激励型环境规制和自主参与型环境规制）已经分别在第三章和本章上节详细论述，本部分不再赘述，只对空间面板模型中控制变量选取进行描述：①地区经济发展水平（$pGDP$）。地区经济发展水平是衡量一个地区绿色技术创新效率的重要指标，通常情况下，高经济发展水平地区具有更加先进的技术和更加优秀的人力资源，对绿色技术创新效率的提升起着关键的作用，因此，本书选取人均国内生产总值来衡量地区经济发展水平对绿色技术创新效率的影响。②人力资本（HC）。“新增长理论”强调人力资本投资对于创新的重要性，技术成果只有借助人力资本最终转化成经济效益才算是真正的创新，可见人力资本在绿色技术创新过程中所占据的重要地位，因此本书选取工业科研人员与就业人数比值来衡量人力资本对绿色技术创新效率的影响。③企业规模（FS）。“熊彼特假设”提出企业规模和创新之间有着密切联系，认为大企业所具有的市场控制力和自身雄厚的人力物力支持，使其具有更强的创新能力，因此本书选取主营业务收入与企业总数比值来衡量企业规模对绿色技术创新效率的影响。④能源结构（*ES*）。作为不可再生资源，中国以煤炭为主要能源的消费模式带来了一系列环境问题，加上资源利用效率低、区域分布不均衡等问题，可能造成工业绿色技术创新效率下降，因此本书选取工业煤炭消费量与能源消费总量比值衡量能源结构对绿色技术创新效率的影响。⑤政府支持（*GS*）。政府研发资金的投入能够弥补创新活动产生的负外部性，但同时也可能给企业带来“挤出效应”，打消企业的绿色创新积极性，为了检验政府支持的影响作用，本书选取 R&D 经费中政府资金占比来衡量政府支持对绿色技术创新效率的影响。⑥市场化水平（*ML*）。市场在资源配置中起着决定性作用，通常情况下，市场化水平越高，对绿色技术创新效率的提升作用越大，因此本书选取国有及国有控股企业工业增加值与工业总产值的比值来衡量市场化水平对绿色技术创新效率的影响。⑦地区要素禀赋（*RFE*）。选取各地区历年固定资产投资存量与地区从业人员之比来衡量地区要素禀赋对绿色技术创新效率的影响，并根据固定资产投资价格指数将固定资产投资存量转换成 2006 年不变价格。⑧外商直接投资水平（*FDI*）。“污染避难所”和“污染光环”假说一直是学术界争论的焦点，一方面外商直接投资对区域环境造成了一定程度的破坏，另一方面新知识、新理念、新设备的引入形成技术溢出效应。因此本书选取实际利用外资作为衡量指标，以 2006 年为基期进行汇率转换，并除以实际 GDP，研究外商直接投资水平对绿色技术创新效率的影响。

根据以上分析，汇总绿色创新效率评价指标及影响因素。鉴于数据的可得性，除去香港、台湾、澳门以及西藏地区，以中国 30 个省份为研究区域，以 2006—2017 年作为时间跨度，通过《中国统计年鉴》《中国能源统计年鉴》《中国工业统计年鉴》《中国科技统计年鉴》选取指标数据。各变量描述性统计结果如表 4 - 2 所示。

表4-2 变量描述性统计

变量	变量说明	单位	观测值	均值	标准差	最小值	最大值
pGDP	地区经济发展水平	万元/人	360	1.434	0.749	0.406	4.104
HC	人力资本	年	360	0.370	0.520	0.002	4.115
FS	企业规模	万元	360	9.983	0.500	8.760	10.886
ES	能源结构	—	360	0.685	0.269	0.009	0.928
GS	政府支持	万元/年	360	5.595	4.237	0.141	23.707
ML	市场化水平	—	360	0.378	0.184	0.097	0.839
RFE	地区要素禀赋	万元/人	360	4.345	2.684	0.451	14.161
FDI	外商直接投资水平	—	360	0.025	0.019	0.000	0.082
CCER	命令控制型环境规制	—	360	0.063	0.065	0.002	0.485
MIER	市场激励性环境规制	—	360	0.136	0.114	0.004	0.787
APER	自主参与型环境规制	—	360	0.125	0.095	0.007	0.527
GTE	绿色技术创新效率	—	360	0.355	0.256	0.032	1.405

（二）空间面板模型构建

实证结果的真实可靠需要正确的模型设定作为前提。本书在第三章第三节中已经通过 Moran's I 指数检验结果验证了中国工业绿色技术创新效率的空间相关性，证实了中国工业绿色技术创新效率存在较强的空间正相关关系，本部分不再赘述。考虑到环境规制的外部性，忽视区域间的空间关联性和由此产生的外溢效应，会给研究结果带来一定的偏差。因此，本书选用空间面板模型研究不同类型环境规制工具对中国工业绿色技术创新效率的影响。空间杜宾（SDM）基准模型设定如下：

$$GTE_{it} = \alpha_i + \rho wGTE_{it} + \beta_1 CCER_{it} + \beta_2 MIER_{it} + \beta_3 APER_{it} + \beta_4 X_{it} + \theta_1 wCCER_{it} + \theta_2 wMIER_{it} + \theta_3 wAPER_{it} + \theta_4 wX_{it} + \eta_i + \nu_t + \xi_{it} \quad (4-6)$$

其中，*GTE* 为各省绿色技术创新效率，ρ 为空间溢出系数，w 为空间权重矩阵，*wCCER*、*wMIER* 和 *wAPER* 为命令控制型环境规制、市场激励型环境规制和自主参与型环境规制的空间滞后项，X 为控制变量集合，η_i 为个体效应，ν_t 为时间效应。如式（4-6）所示的空间杜宾（SDM）模型需要同时拒绝 H_0：$\theta=0$ 和 H_1：$\theta+\rho\beta=0$ 这两个假设，否则空间杜宾模型就会转化为空间滞后（SAR）或空间误差（SEM）模型。

为了进一步研究命令控制型环境规制、市场激励型环境规制和自主参与与型环境规制对中国绿色技术创新效率的溢出效应，需要从偏微分角度继续分解方程。以下为某个特定时点的空间杜宾模型（SDM）：

$$GTE_t = (I - \rho W)^{-1}\alpha\tau_n + (I - \rho W)^{-1}(\beta S_t + \theta W S_t) + (I - \rho W)^{-1}\varepsilon \tag{4-7}$$

其中，S_t 表示所有解释变量所构成的 $N \times K$ 维矩阵，τ_n 表示 $N \times 1$ 阶因变量的向量，α 为常数项。GTE_t 第 K 个解释变量微分方程矩阵表示为：

$$\left[\frac{\partial GTE}{\partial S_{1K}} \cdots \frac{\partial GTE}{\partial S_{NK}}\right] = \begin{bmatrix} \frac{\partial GTE_1}{\partial S_{1K}} & \cdots & \frac{\partial GTE_1}{\partial S_{NK}} \\ \vdots & \vdots & \vdots \\ \frac{\partial GTE_N}{\partial S_{1K}} & \cdots & \frac{\partial GTE_N}{\partial S_{NK}} \end{bmatrix} =$$

$$(I - \rho W)^{-1} \begin{bmatrix} \beta_K & W_{12}\theta_K & \cdots & W_{1N}\theta_K \\ W_{21}\theta_K & \beta_K & \cdots & W_{2N}\theta_K \\ \vdots & \vdots & \vdots & \vdots \\ W_{N1}\theta_K & W_{N2}\theta_K & \cdots & \beta_K \end{bmatrix} \tag{4-8}$$

其中，右侧矩阵主对角线元素和的平均值表示解释变量对被解释变量的直接效应，非主对角线所有列与行的元素之和的平均值表示解释变量对被解释变量的间接效应，二者之和为总效应。另外，为了增加测算结果的稳健性，本书参考现有文献，选择两个空间权重矩阵指标：①地理邻接权重矩阵。采用车相邻方法构建地理邻接权重矩阵，两个省份相邻取值为 1，不相邻则为 0，同时对矩阵进行标准化。由于海南省不与任何省份相邻，采取多数文献做法，假定海南省与广东省相邻。②经济地理距离空间权重矩阵。该空间权重矩阵同时考虑了地区间地理距离和经济距离空间因素，消除了只考虑单一空间因素的弊端。参考李婧等（2010）① 的做法，经济地理距离空间权重 $W = W_d diag(\overline{Y_1}/\bar{Y}, \overline{Y_2}/\bar{Y}, \cdots, \overline{Y_n}/\bar{Y})$，其中，$W_d$ 为地理距离空间权重，$W_d = 1/d_{ij}$（d_{ij}表示地区间的直线距离），$\overline{Y_n}$为第 n 个省份 2006—2017 年人均实际 GDP 平均值，$\bar{Y}$ 为所有省份 2006—2017 年人均实

① 李婧，谭清美，白俊红. 中国区域创新生产的空间计量分析——基于静态与动态空间面板模型的实证研究［J］. 管理世界，2010（7）.

际 GDP 平均水平，最后对经济地理距离空间权重矩阵也进行标准化处理。

（三）实证结果分析

1. 空间相关性检验

为了使实证结果更真实可靠，首先需要对普通面板模型的残差进行空间滞后和空间误差检验（见表 4-3），LM 检验结果和 LR 检验结果均拒绝了 H_0：$\theta=0$ 和 H_1：$\theta+\rho\beta=0$ 的原假设，其变量间的空间相关性可根据 Fischer（2005）的检验原则得到证实，通过对普通面板回归结果的初步检验证实空间因素的影响不能被忽略。

表 4-3 普通面板回归结果

检验变量	地理邻接权重	经济地理距离权重	地理邻接权重	经济地理距离权重	地理邻接权重	经济地理距离权重
pGDP	0.1133*** (7.0204)	0.1133*** (7.0204)	0.1091*** (6.5917)	0.1091*** (6.5917)	0.1094*** (6.6941)	0.1091*** (6.5917)
HC	-0.0098 (-0.5311)	-0.0098 (-0.5311)	-0.012 (-0.6224)	-0.012 (-0.6224)	-0.0097 (-0.5154)	-0.012 (-0.6224)
FS	0.0594* (2.5096)	0.0594* (2.5096)	0.0567* (2.3323)	0.0567* (2.3323)	0.0704** (2.9105)	0.0567* (2.3323)
ES	-0.0027*** (-7.7054)	-0.0027*** (-7.7054)	-0.0031*** (-7.9834)	-0.0031*** (-7.9834)	-0.0030*** (-8.4324)	-0.0031*** (-7.9834)
GS	-0.0083*** (-3.5731)	-0.0083*** (-3.5731)	-0.0072*** (-2.9992)	-0.0072*** (-2.9992)	-0.0071*** (-3.0066)	-0.0072*** (-2.9992)
ML	-0.0041*** (-4.6908)	-0.0041*** (-4.6908)	-0.0041*** (-4.5096)	-0.0041*** (-4.5096)	-0.0038*** (-4.2423)	-0.0041*** (-4.5096)
RFE	0.0051 (-0.8189)	0.0051 (-0.8189)	0.006 (0.9422)	0.006 (0.9422)	0.0088 (1.3824)	0.006 (0.9422)
FDI	0.0069 (-0.6796)	0.0069 (-0.6796)	0.0126 (1.2275)	0.0126 (1.2275)	0.0078 (0.7479)	0.0126 (1.2275)
CCER	0.3299*** (-3.8071)	0.3299*** (-3.8071)	—	—	—	—
MIER	—	—	0.1068 (1.3033)	0.1068 (1.3033)	—	—

续表

检验变量	地理邻接权重	经济地理距离权重	地理邻接权重	经济地理距离权重	地理邻接权重	经济地理距离权重
APER	—	—	—	—	0.0980 ** (2.5536)	0.0980 ** (2.5536)
LM lag	9.8529 **	-0.0098	7.9816 ***	0.1002	13.5486 ***	0.0591
LM error	29.3082 ***	2.8603 *	32.0607 ***	4.4334 **	40.6474 ***	7.3391 ***
Robust LM lag	0.1564	1.8401	0.5077	3.4939 *	0.0184	2.4101
Robust LM error	19.6117 ***	4.6905 **	24.5867 ***	7.8272 ***	27.1173 ***	9.6901 ***

注：***、**、* 分别表示在1%、5%、10%水平下显著，括号内为t值。

进一步对空间杜宾模型进行 Wald 检验和 LR 检验，检验结果均在 1% 的水平下显著，对空间效应以及时间效应进行了 Hausman 检验并进行合理控制，最终选择双固定效应下的空间杜宾模型进行实证分析。表 4-4 给出了不同类型环境规制对绿色技术创新效率影响的空间杜宾估计结果，可以看出绿色技术创新效率的空间滞后项系数 ρ 无论在何种环境规制政策以及空间权重下均显著为正并通过 10% 显著性水平检验，证明了区域间的正向绿色技术创新效率溢出效应。而不论是地理邻接权重还是经济地理距离权重，命令控制型环境规制、市场激励型环境规制和自主参与型环境规制的系数均在 5% 的显著性水平下显著，其中命令控制型环境规制对绿色技术创新效率的提升具有抑制作用，市场激励型环境规制和自主参与型环境规制对绿色技术创新效率的提升具有促进作用。

表 4-4 不同类型环境规制对绿色技术创新效率影响的 SDM 估计结果

变量	命令控制型环境规制		市场激励型环境规制		自主参与型环境规制	
	地理邻接权重	经济地理距离权重	地理邻接权重	经济地理距离权重	地理邻接权重	经济地理距离权重
pGDP	-0.0087 (-0.1250)	-0.0896 (-1.4275)	-0.0789 (-1.1425)	-0.1810 ** (-2.8684)	0.0325 (0.4606)	-0.0894 (-1.4210)
HC	0.0590 ** (3.0276)	0.0487 * (2.6366)	0.0453 ** (2.3969)	0.0352 * (1.9397)	0.0607 ** (3.0837)	0.0395 * (2.0858)

续表

变量	命令控制型环境规制		市场激励型环境规制		自主参与型环境规制	
	地理邻接权重	经济地理距离权重	地理邻接权重	经济地理距离权重	地理邻接权重	经济地理距离权重
FS	-0.0851 (-1.6369)	-0.0023 (-0.0467)	-0.0751 (-1.5031)	0.0002 (0.0048)	-0.0982* (-1.8455)	-0.0098 (-0.1943)
ES	-0.0031*** (-3.4680)	-0.0023* (-2.4345)	-0.0035*** (-4.0697)	-0.0029** (-3.114)	-0.0033*** (-3.7640)	-0.0025** (-2.6819)
GS	-3.4680** (-3.1048)	-0.0094** (-2.9400)	-0.0080** (-2.5794)	-0.0076* (-2.4430)	-0.0100** (-3.0571)	-0.0084** (-2.6727)
ML	-0.0022* (-1.7252)	-0.0008 (-0.6348)	-0.0039** (-3.0854)	-0.0028 (-2.3039)	-0.0019 (-1.4633)	-0.0005 (-0.4069)
RFE	0.0175* (1.8411)	0.0239* (2.6744)	0.0172* (1.8927)	0.0239* (2.7485)	0.0211** (2.1785)	0.0280** (3.1374)
FDI	-0.0297* (-1.8829)	-0.0396* (-2.6562)	-0.0321** (-2.1197)	-0.0399* (-2.7485)	-0.0291* (-1.8265)	-0.0341** (-2.2788)
CCER	0.0887 (1.1643)	0.0543 (0.7321)	—	—	—	—
MIER	—	—	0.2094** (2.5071)	0.3166*** (3.5012)	—	—
APER	—	—	—	—	-0.0180 (-0.1331)	-0.0639 (-0.4867)
W×pGDP	-0.1187 (-0.9613)	-0.1596 (-1.3416)	-0.3409** (-2.7725)	-0.3702** (-3.1514)	-0.1503 (-1.2004)	-0.2112* (-1.7937)
W×HC	0.1314** (2.7029)	-0.0294 (-0.8445)	0.0859* (1.8089)	-0.0557 (-1.6276)	0.1102** (2.1951)	-0.0651* (-1.8208)
W×FS	-0.4295** (-2.7896)	0.2052* (1.7971)	-0.3670** (-2.4763)	0.2391* (2.1590)	-0.4126** (-2.6622)	0.1744 (1.5334)
W×ES	-0.0036 (-0.8313)	-0.0044* (-2.4639)	-0.0060 (-1.4521)	-0.0046* (-2.6475)	-0.0032 (-0.7483)	-0.0037* (-2.1005)
W×GS	0.0027 (0.3192)	-0.0018 (-0.2636)	0.0045 (0.5606)	0.0001 (0.0149)	-0.0000 (-0.0047)	-0.0032 (-0.4706)
W×ML	0.0027 (0.7380)	-0.0071* (-2.5573)	-0.0050 (-1.3933)	-0.0149** *(-5.1657)	0.0018 (0.5006)	-0.0093*** (-3.3791)
W×RFE	0.0177 (0.9132)	0.0419* (2.5152)	0.0046 (0.2547)	0.0189 (1.1663)	0.0072 (0.3803)	0.0326* (1.9393)

续表

变量	命令控制型环境规制		市场激励型环境规制		自主参与型环境规制	
	地理邻接权重	经济地理距离权重	地理邻接权重	经济地理距离权重	地理邻接权重	经济地理距离权重
$W \times FDI$	0.1781 *** (4.0969)	0.0446 (1.5035)	0.1428 *** (3.4368)	0.0253 (0.8710)	0.1719 *** (3.9513)	0.0460 (1.5559)
$W \times CCER$	-0.4458 ** (-2.2609)	-0.6049 *** (-4.4849)	—	—	—	—
$W \times MIER$	—	—	1.0031 *** (4.7410)	0.5783 ** (3.2688)	—	—
$W \times APER$	—	—	—	—	0.8260 ** (2.1880)	0.9142 *** (4.4946)
ρ	0.1029 * (1.1215)	0.0689 * (1.7961)	0.3030 ** (3.2665)	0.2149 ** (2.9151)	0.1520 * (1.7422)	0.1209 * (1.6627)
R-squared	0.8588	0.8646	0.8700	0.8718	0.858	0.8646
Log-likelihood	324.93629	332.53627	337.425	340.4382	323.55257	332.09304
Wald_ spatial_ lag	45.0259 ***	60.6835 ***	59.1722 ***	60.3251 ***	43.9684 ***	60.2860 ***
LR_ spatial_ lag	44.6805 ***	55.0623 ***	53.5537 ***	55.8813 ***	42.8857 ***	58.5762 ***
Wald_ spatial_ error	42.5001 ***	60.3993 ***	54.089 ***	56.6183 ***	41.6627 ***	56.2356 ***
LR_ spatial_ error	41.9719 ***	53.5378 ***	49.6871 ***	50.7026 ***	40.4495 ***	52.2060 ***
Hausman_ test	18.24 **	22.87 ***	21.88 ***	17.41 **	19.75 **	26.53 ***

注：***、**、* 分别表示在1%、5%、10%水平下显著，括号内为t值。

2. 不同类型环境规制对中国工业绿色技术创新效率的影响结果分析

由于模型估计系数不能直接反映解释变量对被解释变量的边际效应，所以在表4-3空间相关性检验的基础上，计算各解释变量的直接效应、间接效应和总效应。同时，为了保证模型选取的合理性，本书在对比不同固定效应下的空间模型后，选取空间和时间双固定效应的空间杜宾模型。另外，考虑到结果的稳健性，选取地理邻接权重和经济地理距离权重进行对比分析（见表4-5、表4-6）。根据实证结果可以看出，两种权重分解后获得的直接效应、间接效应和总效应符号基本一致。鉴于此，本书主要通过地理邻接权重结果分析异质性环境规制对中国工业绿色技术创新效率的影响。

表4-5　基于地理邻接权重空间效应分解结果

变量	直接效应			间接效应			总效应		
pGDP	-0.0855 (-1.4038)	-0.1661** (-2.6811)	-0.0808 (-1.2562)	-0.1465 (-1.2855)	-0.2852*** (-2.8052)	-0.1863 (-1.6491)	-0.2320* (-1.8341)	-0.4514*** (-4.0993)	-0.2672** (-2.1962)
HC	0.0500*** (2.7713)	0.0388** (0.0430)	0.0422*** (2.2795)	0.0301 (0.9339)	0.0556* (1.8155)	0.0633* (1.8606)	0.0801* (1.8257)	0.0944* (1.7694)	0.1055* (1.8552)
FS	-0.0066 (-0.1279)	-0.0085 (-0.1691)	-0.0173 (-0.3454)	0.1885* (1.7519)	0.2073** (2.2034)	0.1665 (1.6279)	0.1819 (1.5073)	0.1988* (1.9736)	0.1492 (1.3389)
ES	-0.0023** (-2.4270)	-0.0027* (-2.7470)	-0.0025** (-2.5231)	-0.0041** (-2.4606)	-0.0035** (-2.2272)	-0.0032* (-1.8836)	-0.0064*** (-3.8595)	-0.0062*** (-4.4443)	-0.0057*** (-3.5698)
GS	-0.0092*** (-2.8270)	-0.0076** (0.0201)	-0.0085** (-2.6493)	-0.0014 (-0.2191)	0.0015 (0.2601)	-0.0019 (-0.2917)	-0.0106 (-1.4358)	-0.0061 (-0.9950)	-0.0103 (-1.4498)
ML	-0.0007 (-0.5350)	-0.0022* (-1.6999)	-0.0003 (-0.2265)	-0.0066** (-2.5380)	-0.0126*** (-4.7074)	-0.0084*** (-3.1879)	-0.0073** (-2.6421)	-0.0148*** (-5.6671)	-0.0087*** (-3.3479)
RFE	0.0238** (2.6266)	0.0231** (2.5821)	0.0272*** (-0.2265)	0.0383** (0.0264)	0.0114 (0.7702)	0.0274 (1.6925)	0.0621*** (3.3636)	0.0344** (2.1841)	0.0546*** (3.0027)
FDI	-0.0397* (-2.6747)	-0.0418*** (-3.0053)	-0.0348** (-2.2445)	0.0461* (1.8181)	0.0492* (1.7799)	0.0464* (1.7925)	0.0064* (0.2091)	0.0074* (1.7779)	0.0116* (0.3858)
CCER	0.0576* (1.7740)	—	—	-0.5927*** (-4.4415)	—	—	-0.5351*** (-3.4499)	—	—
MIER	—	0.2929*** (3.0507)	—	—	0.4455* (2.6810)	—	—	0.7383*** (5.4725)	—
APER	—	—	0.0383* (1.8022)	—	—	0.2372*** (4.3428)	—	—	0.2755*** (4.0235)

注：***、**、*分别表示在1%、5%、10%水平下显著，括号内为t值。

表 4-6　基于经济地理距离权重空间效应分解结果

变量	直接效应			间接效应			总效应		
pGDP	-0.0099 (-0.1377)	-0.0652 (-0.9395)	0.0363 (0.5106)	-0.1087 (-0.9339)	-0.2619 ** (-2.6598)	-0.1335 (-1.1682)	-0.1186 (-0.8527)	-0.3272 *** (-2.8661)	-0.0972 (-0.7363)
HC	0.0562 *** (2.9186)	0.0419 ** (2.2788)	0.0595 *** (3.0587)	0.1147 ** (2.4658)	0.0601 (1.5584)	0.0912 * (2.0391)	0.1709 *** (3.2837)	0.1021 ** (2.3537)	0.1507 ** (2.9998)
FS	-0.0799 (-1.5234)	-0.5866 (-1.1749)	-0.0884 (-1.6387)	-0.3851 ** (-2.6018)	-0.2847 ** (-2.2721)	-0.3487 ** (-2.4425)	-0.4650 *** (-3.2835)	-0.3434 *** (-3.0042)	-0.4370 *** (-3.2120)
ES	-0.0031 *** (-3.3269)	-0.0033 *** (-3.7787)	-0.0033 *** (-3.5854)	-0.0030 (-0.7266)	-0.0042 (-1.1848)	-0.0024 (-0.6226)	-0.0061 (-1.4843)	-0.0074 ** (-2.1960)	-0.0057 (-1.5113)
GS	-0.0100 *** (-3.0937)	-0.0083 ** (-2.5557)	-0.0100 *** (-3.0963)	0.0034 (0.43144)	0.0056 (0.8656)	0.0016 (0.2059)	-0.0066 (-0.7836)	-0.0027 (-0.4007)	-0.0085 (-1.0563)
ML	-0.0023 * (-1.7425)	-0.0038 *** (-2.9932)	-0.0020 (0.1675)	-0.0027 * (-1.7996)	-0.0032 ** (-1.0786)	-0.0019 * (-1.8011)	-0.0050 * (-1.8184)	-0.0070 ** (-2.3385)	-0.0039 * (-1.7956)
RFE	0.0176 * (1.8232)	0.0174 * (1.8443)	0.0210 ** (2.2139)	0.0148 (0.4328)	-0.0011 (-0.0759)	0.0033 (0.2017)	0.0324 (1.4807)	0.0163 (0.9992)	0.0243 (1.2745)
FDI	-0.0328 * (-2.0809)	-0.0393 ** (-2.4842)	-0.0337 ** (-2.0915)	0.1699 *** (3.9930)	0.1235 *** (3.3948)	0.1598 *** (4.0126)	0.1371 *** (3.1736)	0.0843 ** (2.4047)	0.1261 *** (3.2067)
CCER	0.0942 (1.2837)	—	—	-0.4280 ** (-2.3075)	—	—	-0.3338 (-1.6264)	—	—
MIER	—	0.1672 * (1.9159)	—	—	0.7699 *** (4.3490)	—	—	0.9371 *** (5.7290)	—
APER	—	—	0.0019 (0.0142)	—	—	0.1321 ** (2.1787)	—	—	0.1340 ** (2.0703)

注：***、**、* 分别表示在 1%、5%、10% 水平下显著，括号内为 t 值。

由表4－5可以看出，不同类型环境规制对中国工业绿色技术创新效率的影响存在较大差别。命令控制型环境规制对中国工业绿色技术创新效率的直接效应、间接效应和总效应在10%、1%和1%水平下显著，分别为0.0576、－0.5927和－0.5351，可见命令控制型环境规制在对本地区的绿色技术创新产生积极促进作用的同时，却抑制了邻近区域绿色技术创新效率的提升。究其原因，命令控制型环境规制通过国家行政管理部门制定强制性市场准则迫使地区降低污染排放，尽管这种政策手段能够提升本地区资源利用效率，但由于破坏了市场自身调节机制，致使邻近地区"逐底竞争"行为发生，导致邻近地区间陷入恶性竞争，总效应值为负充分说明了这一现象。

市场激励型环境规制对中国工业绿色技术创新效率的直接效应、间接效应和总效应在1%、10%和1%水平下显著，分别为0.2929、0.4455和0.7383，可见市场激励型环境规制对本地区和邻近区域的绿色技术创新均产生积极的促进作用。市场激励型环境规制通过市场机制的自主调节作用，促进企业自发进行生产技术的革新，最终达到企业主动提升效率、自发减少排污行为的目的。另外，从总效应为正可以看出，市场激励型环境规制同时促进了地区之间绿色技术创新效率提升的良性互动。

自主参与型环境规制对中国工业绿色技术创新效率的直接效应、间接效应和总效应在10%、1%和1%水平下显著，分别为0.0383、0.2372和0.2755。近年来，随着中国整体发展水平提升，公众环保意识加强，逐渐参与到对环境的治理中来，促进了绿色技术创新效率的提升。同时，在三种类型环境规制中，市场激励型环境规制的直接效应最高，自主参与型环境规制的间接效应最高，实证结果均与理论分析一致。从整体上来看，命令控制型环境规制和市场激励型环境规制的总效应对绿色技术创新效率的影响较大，自主参与型环境规制的总效应对绿色技术创新效率的影响较小，充分验证了假设2。另外，需要注意的是，尽管命令控制型环境规制的总效应对绿色技术创新效率的影响较大，但结果却为负值，可见，不同类型环境规制对中国工业绿色技术创新效率影响的差异不仅存在大小之分，而且存在正负之分。

另外，虽然在对不同类型环境规制的回归结果中，各控制变量的系数大小有差别，但正负符号和显著性基本一致，可见各控制变量对中国工业绿色技术创新效率的影响具有稳定性。具体来看，地区人力资本对中国工业绿色技术创新效率的直接效应、间接效应和总效应均为正值，可见在提升绿色技术创新效率的过程中，人力资本充分发挥了技术生产力作用。能源结构和市场化水平对中国工业绿色技术创新效率的直接效应、间接效应和总效应均为负值，可见高能耗低效率的煤炭消费方式给绿色技术创新带来严重阻碍，同时，市场在资源配置过程中还存在一定问题，需要进一步采取措施提升市场化水平，优化现行能源结构。外商直接投资的直接效应为负值，间接效应和总效应为正值，可见尽管外商直接投资抑制了本地区绿色技术创新效率的提升，但新理念新技术的引进对区域外和总体的绿色技术创新会产生积极的影响。

3. 不同类型环境规制对不同地区中国工业绿色技术创新效率的影响结果分析

鉴于东、中、西部地区在经济发展水平、地理位置、资源环境、能源储备等方面的较大差异，立足于上文的分析，本书通过实证分析进一步验证假设3，结果如表4－7所示。

对于东部地区，命令控制型环境规制、市场激励型环境规制和自主参与型环境规制三种类型环境规制的符号与整体测算结果较为一致且基本显著，可以看出三种类型环境规制在东部地区的使用过程中，不仅与全国整体结果较为一致，而且对绿色技术创新效率的影响基本显著，从侧面验证了东部地区环境规制在工业绿色技术创新方面的较大影响作用。中部地区同全国相比，其命令控制型环境规制、市场激励型环境规制和自主参与型环境规制对绿色技术创新效率的影响符号相同，但中部地区命令控制型环境规制的直接效应、间接效应和总效应均不显著，市场激励型环境规制和自主参与型环境规制的直接效应不够显著，只有间接效应和总效应在10%的显著性水平下显著。西部地区同全国相比，其命令控制型环境规制、市场激励型环境规制对绿色技术创新效率的影响符号均有变化，但三种类型环境规制的直接效应、间接效应和总效应均较为显著。

表4-7 不同类型环境规制对不同地区中国工业绿色技术创新效率影响结果估计

变量	东部地区			中部地区			西部地区		
	直接效应	间接效应	总效应	直接效应	间接效应	总效应	直接效应	间接效应	总效应
CCER	0.0323 (0.8444)	-0.7876** (-2.7512)	-0.7553** (-2.3368)	0.0145 (0.2222)	-0.1205 (-1.3763)	-0.1060 (-0.9403)	-0.1653* (-1.9522)	-0.6213*** (-3.5836)	-0.7966*** (-4.1929)
MIER	0.4651*** (3.6529)	0.3458* (1.8721)	0.8109*** (4.5844)	0.1563 (1.2413)	0.1030* (1.7742)	0.2592* (1.7971)	-0.5226** (-2.8303)	-1.2451* (-1.8737)	-1.7677** (-2.4240)
APER	0.0146 (0.0662)	0.2780** (2.5050)	0.2926* (2.1853)	0.0346 (0.1949)	0.0532* (1.9376)	0.0878* (1.8239)	0.1637* (1.8424)	0.2534** (2.5421)	0.4171** (2.8201)

注：***、**、*分别表示在1%、5%、10%水平下显著，括号内为t值。东、中、西部地区均通过LM检验和LR检验，控制变量估计系数符号和显著性未明显变化，结果不再赘述。

进一步分析，东部地区命令控制型环境规制总效应为负，与市场激励型环境规制和自主参与型环境规制符号相反，可见，尽管东部地区凭借较为发达的经济优势提升了绿色技术创新效率，但依靠命令控制环境规制控制污染对绿色技术创新效率的影响比较负面，还需要优化改进命令控制型环境规制实施形式，并继续发挥市场激励型环境规制和自主参与型环境规制的优势；中部地区存在类似情况，尽管相对于东部地区，命令控制型环境规制的作用效果不再显著，但偏向负值的影响效果同样需要中部地区优化命令控制型环境规制对绿色技术创新效率的提升效果；而对于西部地区，虽然命令控制型环境规制和市场激励型环境规制的效果显著，但均为负值。究其原因，中西部地区各方面发展均较为落后，资本、人力、科学技术等的欠缺使环境规制的实施未能对工业绿色技术创新发挥有效作用。

第四节　本章小结

本章首先对中国三种类型环境规制的发展与现状进行了系统论述和分析，接着选取中国 30 个省份 2006—2017 年数据，运用空间杜宾模型（SDM）研究不同类型环境规制对中国工业绿色技术创新效率的影响。得出以下主要结论：①中国工业绿色技术创新效率水平整体偏低，东部、中部和西部地区呈现递减趋势，环境规制对中国工业绿色技术创新具有较显著的空间外溢效应。②不同类型环境规制对绿色技术创新效率的影响效果不同。命令控制型环境规制只对本地区的绿色技术创新产生积极的促进作用，对邻近地区绿色技术创新具有抑制作用，且总效应为负值；市场激励型环境规制和自主参与型环境规制能够同时促进本地区和邻近地区绿色技术创新效率的提升。③不同地区在面对不同类型环境规制的选择上存在空间上的异质性。东部地区命令控制型环境规制总效应为负，市场激励型环境规制和自主参与型环境规制为正，中部地区命令控制型环境规制效果不够显著，西部地区命令控制型环境规制和市场激励型环境规制的效果均为负。

第五章　FDI对中国工业绿色技术创新效率的影响分析

中国外商直接投资（FDI）水平不断提升，高水平“引进来”和大规模“走出去”战略相结合，正在成为促进经济增长和绿色技术创新的重要渠道。联合国贸易和发展组织发布的《2019年世界投资报告》显示，2018年，中国FDI创历史新高，同比增长4%，达到1390亿美元，占全球吸收外资总量的10%以上，与此同时，中国的对外直接投资（OFDI）同比增长4.2%，达到1298.3亿美元，全球排名第二。2019年，国家发展改革委颁布《科技部关于构建市场导向的绿色技术创新体系的指导意见》，要求通过深度参与全球环境治理、积极引进国际先进绿色技术、鼓励采取多种方式将绿色技术创新成果在国内转化等行为，促进绿色技术创新对外开放与国际合作。从利用外资水平的发展历程来看，中国已经成为双边投资大国，庞大的投资规模使其成为中国绿色技术创新过程中不容忽视的力量。鉴于此，本章首先分析了FDI的发展历程与现状，随后为了充分研究FDI对工业绿色技术创新效率的影响，进行了更进一步的扩充：将OFDI引入外商直接投资对中国工业绿色技术创新效率的分析框架，通过双向FDI的视角详细分析FDI对中国绿色技术创新效率的影响。

第一节　中国FDI的发展演进

一、中国FDI的发展历程

改革开放40多年来，中国吸引了大量外商直接投资，实际使用外资额已由 1985 年的 19.56 亿美元增长至 2017 年的 1310.35 亿美元，增加了将近 66 倍。从外商直接投资数额的飞速增长可以间接看出中国的飞跃式发展，而纵观中国外商直接投资发展历史，可以将其分为以下发展阶段：

（一）FDI 起步阶段（1984 年之前）

1978 年，党的十一届三中全会召开，改革开放的巨幕自此拉开，外商投资的进入也伴随而来。1979 年，为了扩大国际经济合作和技术交流，国家颁布《中华人民共和国中外合资经营企业条例》，对合营企业形式、投资方式、机构设置、利润分配、法律义务等方面进行了初步说明，这是中国第一部关于外商直接投资的法律，对外商进入后的职责进行了规范。1980 年，有三家企业[①]获得批准成为第一批外商直接投资企业。同年，国务院批准《广东省经济特区条例》的决议，为发展对外经济合作，促进社会主义现代化建设，在广东省深圳、珠海、汕头三市设置经济特区鼓励外商投资。1984 年，国务院批准《沿海部分城市座谈会纪要》（以下简称《纪要》），强调了邓小平在 2 月 24 日关于对外开放和经济特区工作谈话的重大意义以及对沿海部分城市座谈会的意见，重点探讨了怎样加快脚步，引进技术利用外资问题。《纪要》提出，要进一步开放沿海港口城市，[②] 放宽利用外资建设项目的审批权限，增加外汇使用额度和外汇贷款，积极支持利用外资，引进先进技术改造老企业，给予外资企业优惠待遇，建立经济技术开发区，加强基础设施建设等。在起步阶段，我国逐渐建立起相关外商直接投资制度。虽然此时的中国正处于改革初期，各项经验较为欠缺，投资主要来源于中国香港、中国澳门，引进的也主要为劳动密集型产业，但良好的开端给我国后续外商直接投资的引入开辟了道路。

（二）FDI 发展阶段（1985—2000 年）

1985 年，中共中央、国务院批准成立沿海经济开放区，[③] 并提出逐渐

---

① 三家企业包括北京航空食品、建国饭店、长城饭店。

② 进一步开放天津、上海、大连、秦皇岛、烟台、青岛、连云港、南通、宁波、温州、福州、广州、湛江和北海 14 个沿海港口城市。

③ 沿海经济开放区包括长江三角洲、珠江三角洲和闽南三角洲。

形成贸—工—农型生产结构。[1] 1986 年 8 月，国务院批准设立上海闵行经济技术开发区和虹桥经济技术开发区。1988 年，国务院将辽东半岛、山东半岛、环渤海地区和沿海开放城市划入沿海经济开放区，进一步扩大了沿海经济开放区范围，此时中国的经济技术开发区已经达到 14 个。1990 年，上海开始加快开发浦东，中共上海市委、上海市政府向中共中央、国务院提出《关于开发浦东的请示》，提出了浦东开发开放的基本构想。1992 年，邓小平在南方谈话中，对深圳、珠海经济特区等地方的发展给予高度评价，并通过深圳发展过程中外商投资占 1/4 的实际经验强调了外向经济的重要性，再一次强调了在改革开放的过程中外商直接投资在我国经济发展中所发挥的作用，仅 1992 年这一年，我国实际利用外资增长约 152%，此时中国吸引外资水平已经在世界排名第二。但随后，1994—1997 年，受国际投资环境的影响，外商直接投资有所下降。尽管国际投资环境恶劣，但四年间中国外商直接投资累计金额提升约 2982 亿美元，外商直接投资累计项目 130117 个，增长可见一斑。1997 年，国务院颁布《外商投资产业指导目录》，对各行业外商投资产业目录进行具体说明，随后的几十年时间里，中国对《外商投资产业指导目录》进行了 6 次修订。同年，党的十五大对我国改革开放和社会主义现代化建设跨世纪发展做出全面部署，在具体分析利用外资成果和面临新形势情况下，提出进一步提高利用外资水平的指导思想和基本要求，但由于东南亚金融危机对亚洲地区的影响，1998—2000 年我国的外商直接投资增长较为缓慢。

根据表 5 - 1、图 5 - 1 可以更具体清晰地看出，1985—1990 年，我国的外商直接投资实际使用金额变化幅度不大，而在 1990—1998 年，我国的外商直接投资实际使用金额大幅度上升，随后受国外环境影响，1998—2000 年，我国的外商直接投资实际使用金额有小幅度下降。纵观 1985—2000 年，中国的外商直接投资经历了先稳步增长，再飞速上升，再逐渐调整的发展阶段，共吸引外商直接投资金额 6608.5 亿美元，年均投资 413 亿美元，外商直接投资的庞大投资金额对中国之后的发展起到良好的铺垫

---

① 贸—工—农型生产结构：按出口贸易的需要发展加工工业，按加工的需要发展农业和其他原材料产业。

作用。

表 5－1　1985—2000 年外商直接投资

年份	实际使用外资金额（亿美元）	外商直接投资项目（个）
1985	19.6	3073
1986	22.4	1498
1987	23.1	2233
1988	31.9	5945
1989	33.9	5779
1990	34.9	7273
1991	43.7	12978
1992	110.0	48764
1993	275.2	83437
1994	337.7	47549
1995	375.2	37011
1996	417.3	24556
1997	452.6	21001
1998	454.6	19799
1999	403.2	16918
2000	407.2	22347

资料来源：1986—2001 年《中国统计年鉴》。

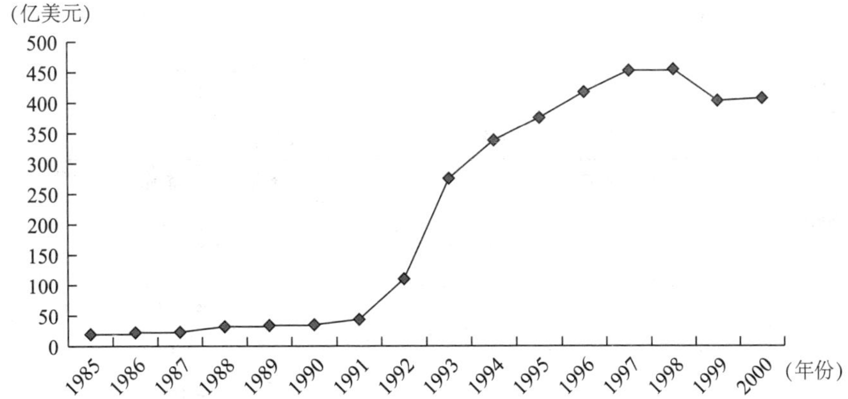

图 5－1　1985—2000 年中国外商直接投资实际使用金额

（三）FDI深化阶段（2001年至今）

2001年，中国正式加入WTO（世界贸易组织），与此相伴随的是中国对外直接投资逐渐放宽的限制，这在较大程度上促进了中国对国际资本的吸引。2002年，国务院颁布《指导外商投资方向规定》，对外商投资方向、外商投资项目、审批流程等内容进行了更进一步详细规定，其中将外商投资项目分为鼓励、允许、限制和禁止四类，并对四类项目进行说明。同年，对《外商投资产业指导目录》进行第二次修订，对外商投资项目进一步放宽，随后我国又分别在2004年、2007年、2011年、2015年、2017年对《外商投资产业指导目录》进行更进一步修订。深化阶段，中国还颁布了《中西部地区外商投资优势产业目录》《辽宁省外商投资优势产业目录》等更有区域、省域针对性的外商直接投资行为规范准则。另外，在2019年，党中央、国务院发布《鼓励外商投资产业目录（2019年版）》，同年，《自由贸易试验区外商投资准入特别管理措施（负面清单）》《外商投资准入特别管理措施（负面清单）》出台，对外资进入船舶代理、城市燃气、电影院、演出经纪机构、增值电信、油气勘探开发等限制进行了进一步放宽或取消。

根据表5－2、图5－2可以更具体清晰地看出，2001—2017年，中国外商直接投资实际使用金额随着时间的推移一直在不断攀升，由2001年的468.8亿美元上升至2017年的1310亿美元，17年间增长了约1.8倍，共吸引外商直接投资金额14851.9亿美元，年均投资873.6亿美元。实际使用外资金额的攀升对中国经济平稳有序发展起到了重要作用。

表5－2　2001—2017年外商直接投资

年份	实际使用外资金额（亿美元）	外商直接投资项目（个）
2001	468.8	26140
2002	527.4	34171
2003	535.1	41081
2004	606.3	43664
2005	603.3	44001
2006	630.2	41473

续表

年份	实际使用外资金额（亿美元）	外商直接投资项目（个）
2007	747.7	37871
2008	923.95	27514
2009	900.3	23435
2010	1057	27406
2011	1160	27712
2012	1117	24925
2013	1176	22773
2014	1196	23778
2015	1263	26575
2016	1260	27900
2017	1310	35652

资料来源：2002—2018 年《中国统计年鉴》。

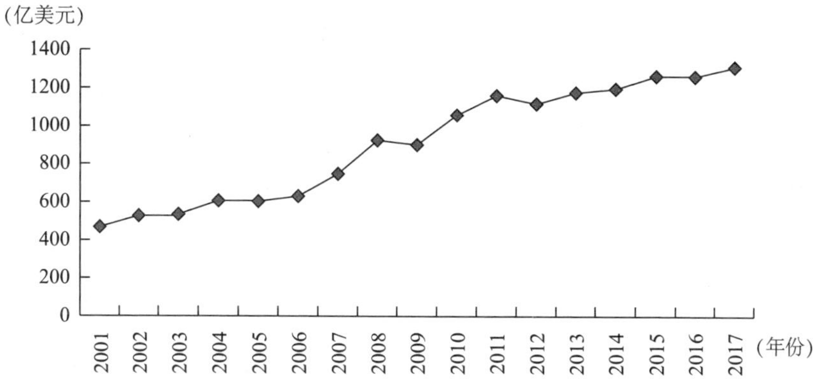

图 5－2　2001—2017 年中国外商直接投资实际使用金额

二、中国工业 FDI 的发展现状

近几十年来，随着经济的发展和国家综合能力的提升，中国在对外开放过程中对 FDI 的引入逐渐增强，FDI 成为促进我国经济发展和绿色技术创新的重要支撑。本书主要研究的工业 FDI 的区间范围为 2006—2017 年，因此，主要以这 12 年工业 FDI 的发展现状为描述分析对象。

由表5-3和图5-3可以看出，2006—2017年，中国工业外商直接投资实际使用金额较为稳定，12年间外商直接投资实际使用金额以2011年为分界线，经历了由上升到下降的过程，但总体变化幅度不大。具体到工业行业[①]，采矿业和电力、燃气及水的生产和供应业的外商直接投资实际使用金额基本保持上升，而制造业的外商直接投资实际使用金额却呈现逐年下降的趋势，这也是所研究时间范围内中国工业外商直接投资实际使用金额没有上升的原因。制造业FDI的下降是由多方面原因造成的，主要原因是金融危机之后，发达国家对外投资能力降低，新兴经济体对中国的投资降低。同时，国内制造业FDI的成本优势减弱、产能过剩、产业结构升级等也是造成制造业FDI下降的原因。

表5-3　中国工业外商直接投资情况

单位：万美元

年份	外商直接投资工业实际使用金额	采矿业	制造业	电力、燃气及水的生产和供应业
2006	4181859	46052	4007671	128136
2007	4242681	48944	4086482	107255
2008	5216368	57283	4989483	169602
2009	4938411	50059	4677146	211206
2010	5239975	68440	4959058	212477
2011	5483176	61279	5210054	211843
2012	5127592	77046	4886649	163897
2013	4834903	36495	4555498	242910
2014	4270384	56222	3993872	220290
2015	4203604	24292	3954290	225022
2016	3773541	9634	3549230	214677
2017	3832949	130198	3350619	352132

① 由于《中国统计年鉴》中工业实际使用金额并未直接给出，本书根据年鉴中按工业门类划分的采矿业，制造业和电力、燃气及水的生产和供应业所提供数据汇总得出。

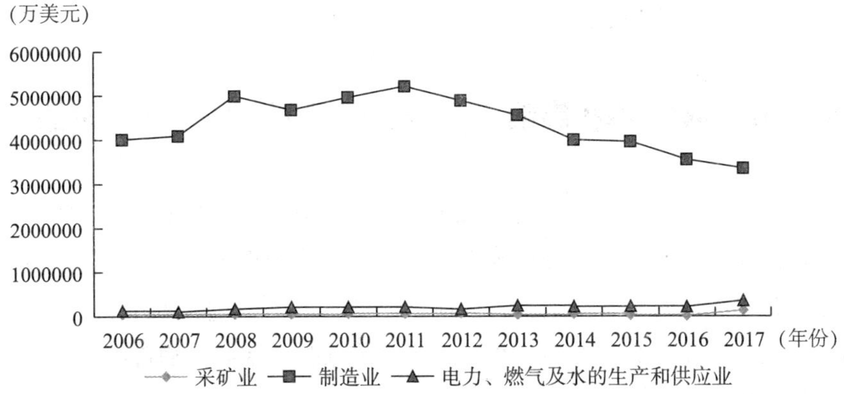

图5-3　中国外商直接投资工业分门类实际使用金额

根据以上分析可以看出，近年来中国面临着整体外商直接投资逐渐上升而工业外商投资波动变化的现实状况，但是工业外商直接投资依然占据着重要比例。特别是在高水平“引进来”和大规模“走出去”战略相结合的今天，FDI正在成为促进经济增长和绿色技术创新的重要渠道。与此同时，FDI的“污染避难所”和“污染光环”效应一直处于争论的焦点，由其引致的污染跨区域流动以及技术空间溢出效应也不容忽视。FDI的流入不仅存在污染和技术双重效应，污染空间流动和技术知识周边扩散也需兼顾。

现有研究基于传统回归或是非线性回归未能全面顾及现实情况，因此，为了充分研究外商直接投资对工业绿色技术创新效率的影响，本书对研究内容进行了更进一步的扩充：将对外直接投资（OFDI）引入外商直接投资对中国工业绿色技术创新效率的分析框架，研究双向FDI对中国绿色技术创新效率的影响。主要研究内容为：①将双向FDI的技术溢出效应和环境效应统一于一个框架，并建立FDI和OFDI的交互项，分析双向FDI对绿色技术创新效率的影响机制。②由于FDI和OFDI的流入不仅存在污染和技术双重效应，污染空间流动和技术知识周边扩散也存在，因此本书不仅分析了双向FDI对绿色技术创新效率影响的直接效应，而且将其间接效应考虑其中，以便更加全面把握双向FDI对绿色技术创新效率的影响。综上，理论与实证相结合，全面探究双向FDI对绿色技术创新效率的影响，在“高质量”发展背景下对实现中国高水平“引进来”和大规模

“走出去”具有重要的意义。

第二节　双向FDI影响工业绿色技术创新效率的理论假设

学术界对双向FDI的研究，较多侧重考察双向FDI的技术溢出效应或者环境效应的其中一种。分析现实情景，不论是FDI还是OFDI，对绿色技术创新效率都同时具备以上两种效应，因此，本书通过技术溢出效应和环境效应的共同作用分析双向FDI对绿色技术创新效率的影响机制。

一、FDI、OFDI对绿色技术创新效率的影响机制

FDI的技术溢出效应主要在行业内部和行业之间传导，其中行业内溢出主要通过模仿示范、技术人员流动、竞争效应渠道实现，行业间溢出主要通过关联效应渠道实现。而在具体的实现过程中，FDI对绿色技术创新效率既有促进作用又有抑制作用，其促进作用主要表现在：FDI可以将先进的经验、理念、技术、设备等资源带给东道国；通过技术人员流动，促使东道国人力资本提升，实现外部知识的内部化；FDI进入后市场竞争的加剧能在促使企业提升生产效率的同时一定程度上消除垄断；通过产业间的相互关联推动外资企业与上下游企业的前后向联系，最终促进绿色技术创新效率的提升。其抑制作用主要表现在：FDI流入后对国内企业产生“市场攫取效应”，挤出国内企业投资；跨国企业为了自身利益最大化，尽最大可能阻止核心技术泄露扩散。FDI的环境效应主要体现在“污染光环”和“污染避难所”两个假说的争论上。“污染光环”假说认为FDI能够带来先进生产和环境技术，减少企业自身污染排放，降低本地甚至区域整体环境污染水平。“污染避难所”假说认为国家或地区在吸收外资的过程中，容易降低环境标准，将高污染行业引进来，形成污染的空间转移。

OFDI对母国的技术溢出通过逆向技术溢出效应传导。这一过程可通过研发成本分摊、海外研发成果反馈、逆向技术转移和外围技术研发剥离四种渠道实现。与FDI一样，OFDI通过逆向技术溢出影响绿色技术创新效率的过程中，既有促进作用又有抑制作用，其促进作用主要表现在：在对外投资过程中，可借助投资国企业分担科研费用，节省资源用于母国核心研

发；将海外科研最新成果引至母国，促进母国生产率提升；在学习东道国企业的同时，将高素质人才和先进技术引入母国，并将其镶嵌于企业生产过程中，获取规模效应，最终促进母国的技术进步。其抑制作用主要表现在：一些“资源寻求型”企业对外投资的目的为最大程度获取东道国自然资源，导致该类型企业逆向技术溢出效应比较微弱；在对外投资过程中，资本流出会挤占母国企业的科研投入，同样不利于绿色技术创新效率提升。OFDI 的环境效应主要通过规模效应、技术效应和结构效应三种机制实现，总体来说，企业在对外投资过程中，能够突破资源环境限制，继续扩大规模，促进产业升级，一定程度上缓解母国所出现的资源环境压力，同时，生产效率的提升给企业带来更高的收入，能够给母国提供更多的资金支持去改善环境状况。根据以上分析，提出如下假设：

假设 1：FDI、OFDI 对母国绿色技术创新效率具有显著影响，但作用机制复杂，结论存在不确定性。

二、双向 FDI 与绿色技术创新效率

尽管 FDI 和 OFDI 对绿色技术创新的影响存在替代效应，主要表现为投资过程中由于需要较大的资本支持所产生的“挤出效应”，但是相比较于微弱的替代效应，FDI 和 OFDI 对绿色技术创新的影响的互补效应更加明显。一方面，FDI 的进入可能在短时期抑制本国绿色技术创新效率，但新理念新技术新发明的引入对经济发展的促进提升了 OFDI 的水平，OFDI 最终通过逆向技术溢出效应，提升母国绿色技术创新效率。另一方面，OFDI 过程中能够实现过剩产能转移，这不仅增强了企业整体实力，也增加了 FDI 的进入门槛，促使政府相关部门提升技术水平和环境规制强度，最终提升绿色技术创新效率。

与此同时，无论是 FDI 还是 OFDI，由于目前地区在经济增长和环境保护之间的难以权衡，“逐底竞争”的存在迫使地区在追逐利益动机下随其他地区环境政策改变而做出相应改变，FDI 的流入不仅存在污染和技术双重效应，污染空间流动和技术知识周边扩散也需兼顾，因此 FDI 和 OFDI 对绿色技术创新效率的空间效应同样不能被忽视。根据以上分析，提出如下假设：

假设2：在FDI和OFDI共同作用下，双向FDI对母国绿色技术创新效率具有显著的促进作用。

假设3：FDI、OFDI和双向FDI对母国绿色技术创新效率的空间效应显著。

第三节　双向FDI对中国绿色技术创新效率影响的实证分析

一、空间杜宾模型

考虑双向FDI所具有的污染空间流动和技术知识周边扩散特征，仅仅使用传统面板而忽略双向FDI的空间关联特性会使回归结果存在偏差，导致研究结论令人难以信服，因此本书建立空间杜宾（SDM）模型，研究FDI、OFDI和两者交互项对绿色技术创新效率的影响。空间杜宾（SDM）基准模型为：

$$GTE_{it} = \alpha_i + \rho wGTE_{it} + \beta_1 FDI_{it} + \beta_2 OFDI_{it} + \beta_3 X_{it} + \theta_1 wFDI_{it} + \theta_2 wOFDI_{it} + \theta_3 wX_{it} + \eta_i + \nu_t + \xi_{it} \quad (5-1)$$

其中，GTE为各省绿色技术创新效率，ρ为空间溢出系数，w为空间权重矩阵，$wFDI$和$wOFDI$为外商直接投资和对外直接投资的空间滞后项，X为控制变量集合，η_i为个体效应，ν_t为时间效应。为了进一步研究双向FDI的相互作用机制，引入FDI和$OFDI$的交互项,[①] 模型构建如下：

$$GTE_{it} = \alpha_i + \rho wGTE_{it} + \beta_1 FDI_{it} + \beta_2 OFDI_{it} + \beta_3 X_{it} + \beta_4 FDI_{it} \times OFDI_{it} + \theta_1 wFDI_{it} + \theta_2 wOFDI_{it} + \theta_3 wX_{it} + \theta_4 wFDI_{it} \times OFDI_{it} + \eta_i + \nu_t + \xi_{it} \quad (5-2)$$

其中，$wFDI \times OFDI$为FDI和$OFDI$两者交互的空间滞后项，其余变量含义与式（5-1）相同。式（5-1）和式（5-2）的空间杜宾模型（SDM）需要同时拒绝H_0：$\theta = 0$和H_1：$\theta + \rho\beta = 0$这两个假设，否则空间杜宾模型就会转化为空间滞后模型（SAR）或空间误差模型（SEM）。

① 本书对交互项进行了去中心化处理，以削弱交互项与构成交互项的低次项之间的多重共线性。

为了进一步研究双向 FDI 对中国绿色技术创新效率的溢出效应，需要从偏微分角度继续分解方程。以下为某个特定时点的空间杜宾模型（SDM）：

$$GTE_t = (I-\rho W)^{-1}\alpha\tau_n + (I-\rho W)^{-1}(\beta S_t + \theta W S_t) + (I-\rho W)^{-1}\varepsilon \tag{5-3}$$

其中，S_t 表示所有解释变量所构成的 $N \times K$ 维矩阵，τ_n 表示 $N \times 1$ 阶因变量的向量，α 为常数项。GTE_t 第 K 个解释变量微分方程矩阵表示为：

$$\left[\frac{\partial GTE}{\partial S_{1K}} \cdots \frac{\partial GTE}{\partial S_{NK}}\right] = \begin{bmatrix} \frac{\partial GTE_1}{\partial S_{1K}} & \cdots & \frac{\partial GTE_1}{\partial S_{NK}} \\ \vdots & \vdots & \vdots \\ \frac{\partial GTE_N}{\partial S_{1K}} & \cdots & \frac{\partial GTE_N}{\partial S_{NK}} \end{bmatrix} =$$

$$(I-\rho W)^{-1}\begin{bmatrix} \beta_K & W_{12}\theta_K & \cdots & W_{1N}\theta_K \\ W_{21}\theta_K & \beta_K & \cdots & W_{2N}\theta_K \\ \vdots & \vdots & \vdots & \vdots \\ W_{N1}\theta_K & W_{N2}\theta_K & \cdots & \beta_K \end{bmatrix} \tag{5-4}$$

其中，右侧矩阵主对角线元素和的平均值表示解释变量对被解释变量的直接效应，非主对角线所有列与行的元素之和的平均值表示解释变量对被解释变量的间接效应，二者之和为总效应。

另外，为了增加测算结果的稳健性，本书参考现有文献，选择两个空间权重矩阵指标：①地理邻接权重矩阵。采用车相邻方法构建地理邻接权重矩阵，两个省份相邻取值为 1，不相邻则为 0，同时对矩阵进行标准化。由于海南省不与任何省份相邻，采取多数文献做法，假定海南省与广东省相邻。②经济地理距离空间权重矩阵。该空间权重矩阵同时考虑了地区间地理距离和经济距离空间因素，弥补只考虑单一空间因素的弊端。经济地理距离空间权重 $W = W_d diag(\overline{Y_1}/\bar{Y}, \overline{Y_2}/\bar{Y}, \cdots, \overline{Y_n}/\bar{Y})$，其中，$W_d$ 为地理距离空间权重，$W_d = 1/d_{ij}$（d_{ij} 表示地区间的直线距离），$\overline{Y_n}$ 为第 n 个省份 2006—2017 年人均实际 GDP 平均值，$\bar{Y}$ 为所有省份 2006—2017 年人均实际 GDP 平均水平，最后对经济地理距离空间权重矩阵进行标准化处理。

二、变量选取及说明

（一）被解释变量

绿色技术创新效率已经在第三章中通过两阶段超效率网络SBM计算获得。

（二）核心解释变量

外商直接投资（*FDI*）和对外直接投资（*OFDI*）采用各省份外商直接投资（*FDI*）和对外直接投资（*OFDI*）存量，将以美元为单位的数值换算为当年人民币价格，并除以实际GDP。

（三）其他解释变量

1. 环境规制强度（*ER*）

新古典经济学派认为严格的环境规制会阻碍行业创新。然而，“波特假说”认为，适当的环境规制能够提高行业技术水平和资源配置效率，促进经济发展，可见环境规制是影响工业绿色创新效率的重要因素。因此，本书以工业污染（三废）排放量与工业主营业务收入比值衡量环境规制强度对中国工业绿色技术创新效率的影响。

2. 企业规模（*FS*）

“熊彼特假设”提出，企业规模和创新之间有着密切联系，大企业所具有的市场控制力和自身雄厚的人力物力支持，使其具有更强的创新能力。因此，本书以主营业务收入与企业总数比值的对数形式衡量企业规模对中国工业绿色技术创新效率的影响。

3. 科技创新环境（*GS*）

政府研发资金的投入能够弥补创新活动产生的负外部性，但同时也可能给企业带来“挤出效应”，打消企业的绿色创新积极性。因此，本书以R&D经费中政府资金的占比来衡量科技创新环境对中国工业绿色技术创新效率的影响。

4. 能源结构（*ES*）

中国以不可再生资源煤炭为主要能源的消费模式带来了一系列环境问题，加上资源利用效率低、区域分布不均衡等问题，可能造成工业绿色创新效率的下降。因此，本书以工业煤炭消费量与能源消费总量比值衡量能源结构对中国工业绿色技术创新效率的影响。

5. 人均 GDP（*pGDP*）

发展与发达、工业化、现代化、增长之间联系密切，经济发展质量的改善和提高是推动绿色创新的决定性力量，经济发达程度对绿色创新有着较为深刻的影响。因此，本书以地区生产总值与地区常住人口比值衡量人均 GDP 对中国工业绿色技术创新效率的影响。

6. 人力资本（*HC*）

“新增长理论”强调人力资本投资对于创新的重要性，技术成果只有借助人力资本最终转化成经济效益才算是真正的创新。因此，本书以工业科研人员占就业人数比重衡量人力资本对中国工业绿色技术创新效率的影响。

同时，鉴于数据的可获得性，除去香港、台湾、澳门以及西藏地区，以中国 30 个省份为研究区域，以 2006—2017 年为时间跨度，通过《中国统计年鉴》《中国能源统计年鉴》《中国工业统计年鉴》《中国科技统计年鉴》《对外直接投资统计公报》等选取指标数据。变量描述性统计见表 5 – 4。

表 5 – 4　变量描述性统计

变量	变量说明	单位	观测值	均值	标准差	最小值	最大值
FDI	外商直接投资	—	360	0.025	0.019	0.000	0.082
OFDI	对外直接投资	—	360	0.734	0.903	–2.508	2.598
ER	环境规制强度	—	360	1.3724	0.688	0.300	4.240
FS	企业规模	万元	360	9.983	0.500	8.760	10.886
GS	科技创新环境	万元/年	360	5.595	4.237	0.141	23.707
ES	能源结构	—	360	0.685	0.269	0.009	0.928
pGDP	人均 GDP	万元/人	360	1.434	0.749	0.406	4.104
HC	人力资本	—	360	0.370	0.520	0.002	4.115
GTE	绿色技术创新效率	—	360	0.355	0.256	0.032	1.405

三、FDI 影响中国工业绿色技术创新效率的结果分析

（一）空间模型初步估计及分析

第三章的 Moran’s I 指数结果证明了 2006—2017 年中国 30 个省份间绿

色技术创新效率的空间相关性，初步证实了建立空间面板模型的合理性（本部分不再赘述）。空间面板模型的具体选择形式围绕原假设 H_0：$\theta=0$ 和 H_1：$\theta+\rho\beta=0$ 展开，若同时拒绝两个原假设则选择空间杜宾模型，若不能同时拒绝则选择空间滞后模型或空间误差模型，具体需要通过 LM 检验和 LR 检验判断。表 5-5 给出未加入双向 FDI 交互项（模型 1）和加入双向 FDI 交互项（模型 2）的 LM 检验和 LR 检验结果，可以看出，不论是地理邻接权重抑或经济地理距离权重，基本拒绝无空间滞后和无空间误差两个原假设，因此，需要选择空间杜宾模型研究双向 FDI 对绿色技术创新效率的影响。

表 5-5　普通面板回归结果

变量	地理邻接权重		经济地理距离权重	
	模型 1	模型 2	模型 1	模型 2
FDI	0.0233 ** (2.9637)	-0.0184 (-1.3959)	0.0232 ** (2.9637)	-0.0184 (-1.3959)
OFDI	0.0144 * (1.7037)	-0.0518 ** (-2.7338)	0.0144 * (1.7036)	-0.0519 ** (-2.7338)
FDI×*OFDI*	—	0.0118 *** (3.8872)	—	0.0118 *** (3.8871)
ER	-0.0231 (-1.5004)	-0.0184 (-1.2150)	-0.0231 (-1.5003)	-0.0184 (-1.2151)
FS	-0.0762 *** (4.9007)	-0.0725 *** (-4.7377)	-0.0762 *** (-4.9007)	-0.0724 *** (-4.7377)
GS	-0.0103 *** (-4.9455)	-0.0102 *** (-4.9865)	-0.0103 *** (-4.9455)	-0.0102 *** (-4.9864)
ES	-0.0026 *** (-7.3569)	-0.0025 *** (-7.0730)	-0.0026 *** (-7.3569)	-0.0025 *** (-7.0730)
pGDP	0.3773 *** (6.9002)	0.3206 *** (5.7714)	0.3774 *** (6.9001)	0.3207 *** (5.7713)
HC	0.0062 (0.3372)	-0.0046 (-0.2507)	0.0062 (0.3372)	-0.0046 (-0.2507)
LM test no spatial Lag probability	15.8991 ***	15.5457 ***	0.0473	0.7146

续表

变量	地理邻接权重		经济地理距离权重	
	模型 1	模型 2	模型 1	模型 2
Robust LM test no spatial Lag probability	37.0910***	40.7634***	6.0343**	11.8438**
LM test no spatial error probability	0.1028	1.1468	3.1233*	4.1041**
Robust LM test no spatial error probability	21.2947***	26.3645***	9.1104***	15.2333***

注：***、**、*分别表示在显著性水平 1%、5%、10%下显著，括号内为 t 值。

在空间杜宾模型中对空间效应以及时间效应进行了 Hausman 检验并进行合理的控制，最终基于最大释然估计（ML）方法测算双向 FDI 及其交互项对绿色技术创新效率影响的估计结果，如表 5 -6 所示。

表 5 -6　双向 FDI 及其交互项对绿色技术创新效率影响的 SDM 估计结果

变量	地理邻接权重		经济地理距离权重	
	模型 1	模型 2	模型 1	模型 2
FDI	-0.0604** (-1.9839)	-0.0975*** (-3.4135)	-0.0653** (-2.0920)	-0.0998*** (-3.3288)
OFDI	-0.0134* (-1.7733)	-0.1320*** (-4.9387)	-0.0003* (-1.8209)	-0.1317*** (-4.8131)
FDI×*OFDI*	—	0.0738*** (5.8613)	—	0.0698*** (5.5181)
ER	0.02336* (1.7785)	0.0363*** (2.9445)	0.0261** (2.0038)	0.0341** (2.7652)
FS	-0.0474*** (-3.5575)	-0.0556*** (-4.5114)	-0.0633*** (-4.6337)	-0.0679*** (-5.2419)
GS	-0.0084*** (-2.7882)	-0.0078*** (-2.8149)	-0.0083** (-2.6601)	-0.0081** (-2.7549)
ES	-0.0018** (-1.9936)	-0.0005 (-0.5505)	-0.0030*** (-3.6749)	-0.0018** (2.1915)
pGDP	-0.04073*** (-2.8928)	-0.1052 (-0.7769)	-0.5243 (-0.7679)	-0.0282 (-0.2096)

续表

变量	地理邻接权重		经济地理距离权重	
	模型1	模型2	模型1	模型2
HC	0.0461** (2.5553)	0.0239* (1.8075)	0.0521*** (2.7810)	0.0260* (1.8308)
W×FDI	0.1304** (2.1746)	0.0524 (0.9008)	−0.1253 (−1.0048)	−0.0624 (−0.5178)
W×FDI	0.0341 (0.9526)	−0.1380** (−2.5385)	0.1301* (1.8760)	−0.1015 (0.4131)
W×FDI×OFDI	—	0.0666*** (2.9298)	—	0.0805* (1.7986)
W×ER	0.0899*** (3.7182)	0.1236*** (5.3148)	0.1269*** (3.0799)	0.1340*** (3.4422)
W×FS	0.0203 (0.6653)	−0.0010 (−0.0037)	−0.1028 (−1.5867)	−0.1069* (−1.7446)
W×GS	0.0015 (0.2339)	0.0024 (0.3921)	0.0045 (0.4440)	0.0082 (0.8450)
W×ES	−0.0051*** (−3.0835)	−0.0033** (−2.1306)	−0.0073* (−1.7359)	−0.0010 (−0.2407)
W×pGDP	−0.9293*** (4.9923)	1.2705*** (6.8107)	1.6229*** (4.4737)	1.8926*** (5.3371)
W×HC	−0.0052 (−0.1529)	−0.0078 (−0.2454)	0.0874** (2.3112)	0.0459* (1.8238)
ρ	−0.0840* (−1.8663)	−0.2480*** (−3.4123)	−0.2300** (−2.3426)	−0.4000*** (−4.1778)
Wald_ spatial_ lag	61.0584***	82.4262***	45.2497***	52.6672***
Wald_ spatial_ error	60.7141***	78.0905***	42.7384***	45.201***
LR_ spatial_ lag	56.1320***	74.0847***	39.4399***	39.9441***
LR_ spatial_ error	55.4470***	68.728***	37.9002***	33.261***
hausman	60.79***	47.36***	38.32***	52.54***

注：***、**、*分别表示在显著性水平1%、5%、10%下显著，括号内为t值。

在地理邻接权重和经济地理距离权重下，根据表5－6空间杜宾回归结果可以看出：

1. FDI通过显著性检验，且对绿色技术创新效率的作用为负

这说明在研究样本期间内，外商直接投资的增加不利于绿色技术创新

效率的提升，这一观点与李斌等（2016）① 研究结论相吻合。分析其现实原因：一方面，目前中国还属于发展中国家，引入的高技术外资企业所拥有的核心技术被发达国家所掌控，使国内技术创新受到限制；另一方面，外资流入会引发地区之间的竞争，由于中国环境保护机制的制定和实施还不够完善，政府相关部门会通过“逐底竞争”方式吸引外资进入，由于设置的门槛较低，加上大量的污染密集型产业更多积聚于工业行业中，抑制了绿色技术创新效率的提升。

2. OFDI 通过显著性检验，对绿色技术创新效率的作用为负

对外直接投资同样不利于绿色技术创新效率的提升，这与龚梦琪等（2018）② 研究结论较为一致。分析其原因：一方面，由于工业企业的研发投入基本恒定，技术寻求型的外商直接投资通过“挤出效应”降低了母国科研投入，抑制了母国绿色技术创新效率的提升；另一方面，目前中国的对外投资以亚洲国家为主，对欧美等发达国家投资较为欠缺，使 OFDI 的逆向溢出效应在一定程度上受到抑制，阻碍了绿色技术创新效率的提升。

3. FDI 和 OFDI 交互项通过显著性检验，系数为正，可见双向 FDI 对绿色技术创新效率的互补效应远大于替代效应

FDI 的引入所带来的新技术新发明对经济发展的促进提升了 OFDI 的水平，同时，OFDI 过程中过剩产能的转移，在减轻母国环境压力的同时，也缓解了 FDI 所带来的竞争效应，同样提升了绿色技术创新效率。

4. 其他解释变量

环境规制强度通过显著性检验且系数为正，说明国家相关部门所采取的政策性手段能够改革生产技术，促进绿色技术创新效率提升。企业规模通过显著性检验但系数为负，可见通过规模效应提升绿色技术创新效率的机制还需进一步完善。科技创新环境通过显著性检验但系数为负，可见政府支持是一把“双刃剑”：一方面，它能够弥补绿色技术创新过程中产生的“负外部性”；另一方面，政府研发资金的投入给企业带来“挤出效应”

① 李斌，陈崇诺．异质型环境规制对中国工业能源效率影响的实证检验［J］．统计与决策，2016（5）．

② 龚梦琪，刘海云．中国工业行业双向 FDI 的环境效应研究［J］．中国人口·资源与环境，2018（3）．

反而抑制绿色技术创新。能源结构通过显著性检验但系数为负，说明高耗低效的煤炭消费导致各种环境问题的发生，也是中国污染物排放量居世界第二的主要原因，对绿色技术创新效率的负向影响符合现实情况。人力资本通过显著性检验且系数为正，这是因为人力资本能够促进经济持续性增长，尽管其具有的技术外溢、创新能力有一定的差异，但作为驱动绿色技术创新的重要载体，人力资本具有不可忽视的作用。

（二）空间效应分解

由于绿色技术创新效率存在空间溢出性，在考虑空间因素后，为进一步分析双向 FDI 的溢出效应，本书测算了各变量的直接效应、间接效应和总效应，具体见表 5－7。

表 5－7　空间效应分解

变量	地理邻接权重空间效应分解			经济地理距离权重空间效应分解		
	直接效应	间接效应	总效应	直接效应	间接效应	总效应
FDI	－0.1018*** （－3.5983）	0.0656 （1.3101）	－0.0362* （－1.8949）	－0.0987*** （－3.2026）	－0.0150 （－0.9641）	－0.1137* （－2.2904）
OFDI	－0.1259*** （－4.7183）	－0.0911* （－1.9072）	－0.2170*** （－4.5154）	－0.1288*** （－4.3769）	－0.0318* （－1.8800）	－0.1660* （－1.7773）
FDI×OFDI	0.0711*** （5.4507）	0.0411** （2.0808）	0.1122*** （6.8198）	0.0671*** （4.9720）	0.0400 （1.1129）	0.1071*** （3.4018）
ER	0.0301** （2.4504）	0.0984*** （4.8783）	0.1285*** （5.9317）	0.0280** （2.2793）	0.0918*** （3.0608）	0.1197*** （3.9410）
FS	－0.0562*** （－4.6544）	0.0114 （0.4986）	－0.0449* （－1.7477）	－0.0643*** （－5.0064）	－0.0600 （－1.3297）	－0.1243** （－2.7075）
GS	－0.0082** （－2.9317）	0.0038 （0.7353）	－0.0044 （－0.8034）	－0.0088*** （－2.8986）	0.0091 （1.1998）	0.0004 （0.0471）
ES	－0.0003 （－0.3634）	－0.0027* （－1.9748）	－0.0030** （－2.4844）	－0.0018** （－2.0712）	－0.0001 （－0.0087）	－0.0019 （－0.6609）
pGDP	－0.1704 （－1.3061）	1.1004*** （6.3707）	0.9300*** （5.2480）	－0.1192 （－0.8536）	1.4536*** （4.8712）	1.3345*** （4.7354）
HC	0.0246 （1.4471）	－0.0117 （－0.4512）	0.0129 （0.4452）	0.0245 （1.3344）	0.0278 （0.9945）	0.0524 （1.6218）

注：***、**、*分别表示在显著性水平1%、5%、10%下显著，括号内为t值。

与上文一样，为保证结果的稳健性，空间效应分解分别采用地理邻接权重和经济地理距离权重进行验证。可以看出，进行空间效应分解后的直接效应、间接效应和总效应系数符号与空间杜宾模型的解释变量回归系数符号基本一致。进一步分析，在存在交互项的模型中，FDI 对绿色技术创新效率的直接效应和总效应通过显著性检验且为负值，间接效应不显著，说明 FDI 仅抑制了本地区绿色技术创新效率的提升，却没有对邻近区域产生抑制作用。OFDI 对绿色技术创新效率的直接效应、间接效应和总效应均通过显著性检验且为负值，说明 OFDI 不仅抑制本地区绿色技术创新效率的提升，而且抑制邻近地区绿色技术创新效率提升。FDI 和 OFDI 交互项的直接效应、间接效应和总效应均通过显著性检验且为正值，可见双向 FDI 对绿色技术创新效率的互补效应远大于替代效应，在双向 FDI 的相互作用下不仅能够提升本地区绿色技术创新效率，而且能够促进邻近地区绿色技术创新效率提升。另外，FDI 和 OFDI 回归结果的直接效应系数整体大于间接效应系数，同时直接效应也具有较高的显著性水平，可见，单向 FDI 和 OFDI 受区域之间技术差距、吸收能力、制度环境、政府补贴等多种因素的共同影响，对邻近区域的影响作用效果都不及本地区，而两者交互作用后的空间溢出由于互补效应的存在，对本地区和邻近区域显示出较均衡的空间溢出效应。

第四节　本章小结

本章首先对中国 FDI 发展现状进行分析，然后从理论角度分析了双向 FDI 影响绿色技术创新效率的机制，接着以第三章中运用两阶段超效率网络 SBM 对中国工业绿色技术创新效率测度结果为基础，通过空间计量模型实证检验了双向 FDI 对中国绿色技术创新效率的影响。

研究结果表明：①近年来中国面临着整体外商直接投资逐渐上升而工业外商投资波动变化的现实状况，但是工业外商直接投资依然占据着重要比例。②通过空间计量模型以及溢出效应分解得出 FDI 和 OFDI 对中国工业绿色技术创新效率的提升总效应均为负，从更详细的研究中可以发现，FDI 对本地区的绿色技术创新效率表现为抑制作用，对邻近地区作用效果不显著；OFDI对本地区和邻近地区的绿色技术创新效率均表现为抑制作用。③两者交互项（$FDI \times OFDI$）由于互补效应的存在对本地区和邻近地区绿色技术创新效率均转为促进作用。

第六章 异质性环境规制、FDI对中国工业绿色技术创新效率的影响分析

改革开放40多年来，中国经济高速增长，但“高能耗、高污染、高排放”的粗放型发展方式带来了巨大的环境问题，“唯GDP增长论”“先污染、后治理”的弊端对我国经济可持续发展形成了强大的阻力。如何促进经济与生态环境协调发展成为新常态背景下建设现代化经济体系的一项重大议题。在当前经济放缓的新常态局势以及生态文明建设的迫切需求下，构建市场为导向的绿色技术创新体系，提高绿色技术创新效率，既符合绿色发展要义，同时也是经济增长质量变革的内生潜力。然而，创新能力不足、绿色技术创新效率低下问题依然突出。以2003年到2017年为例，规模以上工业企业R&D经费内部支出由841.63亿元增加到12012.96亿元，年均增长20.91%，R&D人员全时当量由58.52万人·年增长到273.62万人·年，年均增长11.65%，而工业生产过程中的主要污染物工业二氧化硫、工业烟粉尘排放量年均下降率仅为6.78%和5.83%，技术创新的大幅投入并未能跟污染减排齐头并进。[①] 党的十八届五中全会提出“创新、协调、绿色、开放、共享”五大发展理念，将创新驱动与绿色发展置于同一框架之下，既是对“绿水青山就是金山银山”发展理念的践行，同时也表达出以创新驱动经济质量变革的决心。绿色技术创新完美契合了创新、绿色发展理念，探索并挖掘绿色技术创新效率提升路径在当前我国新旧动能转换、生态文明建设进程中具有重要指引作用。

① 根据《中国统计年鉴》整理计算而得。

第一节 异质性环境规制与 FDI 的交互关系分析

环境质量是美好生活的典型代表，地方政府在响应国家政策的号召下，从过去只关注经济增长总量的考核机制引入了地方绿色环境治理标的，相应地，一些地方环境规制措施逐渐施行并取得一定的污染治理效果。然而，考虑到环境污染有较强跨界流动性及负外部性特征，地方政府实施环境规制政策在减少污染的同时无法排除周边区域“搭便车”行为。“逐底竞争”的存在驱使区域之间在招商引资、获取经济资源的利益引诱之下竞相降低规制强度而牺牲环境，形成“政策洼地”，导致环境治理效率的低下（朱平芳等，2011）①。环境规制“促进”或“减弱”技术创新水平取决于区域、行业、企业以及执行周期的异质性，片面武断定论两者之间关系容易形成政策误导。绿色技术创新兼具环境污染的负外部性以及创新知识的正外部性双重特征，清醒认识环境规制—环境污染—跨界流动以及环境规制—技术创新—知识溢出两条作用路径成为必要。此外，在当前大量引进外资的背景之下，FDI 的“污染避难所”和“污染光环”效应一直处于争论的焦点，由其引致的污染跨区域流动以及技术空间溢出效应也不容忽视。地方环境规制的实施如何对外资进入发挥作用进而影响区域绿色技术创新效率？异质性环境规制、FDI 以及两者交互作用与绿色技术创新效率关系如何？厘清这些问题，对于因地制宜实施环境规制政策和合理利用外资具有重要的现实意义，更有甚者，对于我国实施创新驱动战略及高质量发展具有深远的理论意义。因此，本章接下来将通过实证检验不同类型环境规制、FDI 对绿色技术创新效率影响的深层关系，为政策制定提供一定的参考。

一、环境规制对 FDI 的门槛效应模型构建

（一）面板门槛模型构建

为了分析异质性环境规制与 FDI 相互联动对绿色技术创新效率的影

① 朱平芳，张征宇，姜国麟．FDI 与环境规制：基于地方分权视角的实证研究［J］．经济研究，2011（6）．

响，首先有必要就环境规制对 FDI 的作用机制进行分析。尽管大量文献对环境规制与 FDI 的关系进行了实证研究，但存在一定的不足。第一，未能将环境规制类型加以区分而以单一环境规制变量进行分析，而地区在实施环境规制政策时采取不同的手段，其作用机制及政策实施效果存在差异，不加甄别而得出的结论的正确性令人怀疑；第二，基于传统的线性回归构建环境规制对 FDI 的影响模型与现实可能存在偏离，两者之间并非简单的线性关系，不同区间的环境规制强度可能对 FDI 水平的影响有所差别。为此，本书借助 Hansen（1999）① 面板门槛思想，构建环境规制与 FDI 的面板数据多门槛模型：

$$FDI_{it} = \alpha + \beta_1 ER_{it} \times I(thr_{it} \leqslant \zeta_1) + \beta_2 ER_{it} \times I(\zeta_1 < thr_{it} \leqslant \zeta_2) + \cdots + \beta_n \times I(\zeta_{n-1} < thr_{it} \leqslant \zeta_n) + \beta_{n+1} ER_{it} \times I(thr_{it} > \zeta_n) + \gamma X_{it} + \varepsilon_{it} \tag{6-1}$$

其中，i 表示省份；t 表示年份；ER 表示环境规制，主要是命令控制型、市场激励型和自主参与型三种环境规制变量；thr 表示门槛变量（环境规制既是核心解释变量也是门槛变量）；ζ 为门槛估计值；$I(\cdot)$ 为示性函数；X 为控制变量；ε_{it}为随机干扰项。

根据 Hansen（1999）门槛回归理论，若给定门槛回归模型的门槛值 γ，则可以对模型进行参数估计，得到各解释变量的系数估计值，也能获得残差平方和，即 $S(\gamma) = \hat{e}(\gamma)'\hat{e}(\gamma)$。$\gamma$ 越接近门槛真实水平，残差平方和 $S(\gamma)$ 值将越小，因此，可以通过给定任意门槛值 γ，求得残差平方和 $S(\gamma)$ 最小时 $\hat{\gamma} = \arg\min S(\gamma)$。

在确定门槛估计值以后，还需对门槛效应的显著性和真实性进行检验。门槛回归模型显著性检验的目的是检验以门槛值划分的两组样本模型估计参数是否显著不同，即检验 β_1 和 β_2 是否存在显著差异，如果 $\beta_1 = \beta_2$，则门槛模型没有明显的门槛值。因此，没有门槛值的原假设为 $H_0: \beta_1 = \beta_2$，同时构造 LM（Lagrange Multiplier）统计量，对零假设进行统计检验，构造的统计量为：

---

① Hansen B E. Threshold effects in non - dynamic panels: Estimation, testing and inference [J]. Journal of Econometrics, 1999, 93 (2): 345 - 368.

$$F = \frac{S_0 - S_n(\hat{\gamma})}{S_n(\hat{\gamma})} \tag{6-2}$$

其中，S_0 表示在零假设下的残差平方和加总，S_n 表示存在门槛效应的残差平方和加总。然而，对式（6-2）进行统计检验会遇到一个严重的问题，即在零假设下 $\hat{\gamma}$ 是无法识别的，这将造成传统的检验统计量的大样本分布并非“卡方分布”，而是受到干扰参数影响的“非标准非相似分布”，使得分布的临界值无法以模拟方式得到。为克服这一问题，借助 Hansen（1999）的自助抽样法（Bootstrap）来获得其渐近分布，进而构造 P 值。门槛效应的真实性检验即是对零假设 $H_0: \gamma = \gamma_0$ 进行检验，构造“似然比统计量”（Likelihood Ratio Statistic）：

$$LR_n(\gamma_0) = n\frac{S_n(\gamma) - S_n(\hat{\gamma})}{S_n(\hat{\gamma})} \tag{6-3}$$

当显著性为 α 时，$LR_1(\gamma_0) \leqslant c(\alpha) = -2\ln[1 - \sqrt{(1-\alpha)}]$，不能拒绝原假设，在 95% 的置信水平下 $c(\alpha) = 7.35$。

（二）变量说明

考察不同类型环境规制对外商直接投资影响的非线性门槛模型中，环境规制本身为门槛变量，控制变量主要包括：①市场规模（*pGDP*），采用地区人均 GDP 表示，并通过 GDP 指数折算为 2006 年不变价水平；②市场化水平（*ML*），采用国有及国有控股企业工业增加值占工业总产值的比重表示；③城市化水平（*URB*），用城镇人口占总人口的比重表示；④交通便利性（*TRC*），用单位国土面积公路里程数表示；⑤对外开放水平（*OPE*），采用进出口总额与 GDP 的比值表示。

为了分析不同类型环境规制、FDI 对绿色技术创新效率的影响，本章首先针对不同类型环境规制对地区外资进入影响的差异性进行研究，其中不同类型环境规制指标构造同第四章（见表 4-1），外商直接投资（*FDI*）以实际利用外商直接投资额占当地 GDP 的比重表示。另外，为了得到三种类型环境规制强度的具体水平，同第四章一样，通过熵值法赋予各二级指标相应权重，避免主观赋权法的判断缺陷，从而得到各类型环境规制的综合指数（具体过程本部分不再赘述）。变量描述性统计见表 6-1。

表6-1 变量描述性统计

变量	变量说明	单位	观测值	均值	标准差	最小值	最大值
FDI	外商直接投资水平	—	360	0.025	0.019	0	0.082
CCER	命令控制型环境规制	—	360	0.063	0.065	0.002	0.485
MIER	市场激励型环境规制	—	360	0.136	0.114	0.004	0.787
APER	自主参与型环境规制	—	360	0.125	0.095	0.007	0.527
pGDP	市场规模	万元/人	360	1.434	0.749	0.406	4.104
ML	市场化水平	—	360	0.378	0.184	0.097	0.839
URB	城市化水平	—	360	0.529	0.138	0.275	0.896
TRC	交通便利性	公里/平方公里	360	2.752	1.79	0.009	8.092
OPE	对外开放水平	—	360	0.387	0.461	0.04	2.023

二、环境规制对FDI的实证分析

在构建的多门槛回归模型中，首先有必要对门槛模型的具体形式进行相应检验，确定不同类型环境规制是否存在门槛效应以及具体的门槛数量。根据Hansen（1999）的门槛模型，采用Bootstrap“自抽样”方法获得门槛效应检验的F值和相应的P值。本书选取抽样次数为300次，不同类型环境规制的门槛效应检验结果如表6-2所示。

表6-2 不同类型环境规制的门槛效应检验结果

门槛变量	门槛类型	门槛值	P值	F值	不同显著水平临界值		
					10%	5%	1%
CCER	单一门槛	0.094**	0.040	15.88	12.235	16.051	21.293
	双重门槛	0.081	0.142	11.33	12.677	15.288	19.796
	三重门槛	0.195	0.638	4.72	15.130	18.220	22.828
MIER	单一门槛	0.009**	0.028	32.05	20.748	24.622	39.427
	双重门槛	0.060	0.602	8.030	39.976	51.560	82.422
	三重门槛	0.126	0.730	6.050	35.641	52.215	77.993

续表

门槛变量	门槛类型	门槛值	P值	F值	不同显著水平临界值		
					10%	5%	1%
APER	单一门槛	0.025	0.470	8.690	18.212	21.368	25.422
	双重门槛	0.034	1.000	1.250	16.206	19.599	27.617
	三重门槛	0.142	0.904	2.650	12.347	15.219	19.066

注：***、**、*分别表示在1%、5%、10%水平下显著。

不难看出，命令控制型环境规制和市场激励型环境规制均通过了单一门槛检验，其门槛值分别为0.094和0.009，对应的F值为15.88和32.05，分别通过了5%的显著性水平检验，表明命令控制型环境规制和市

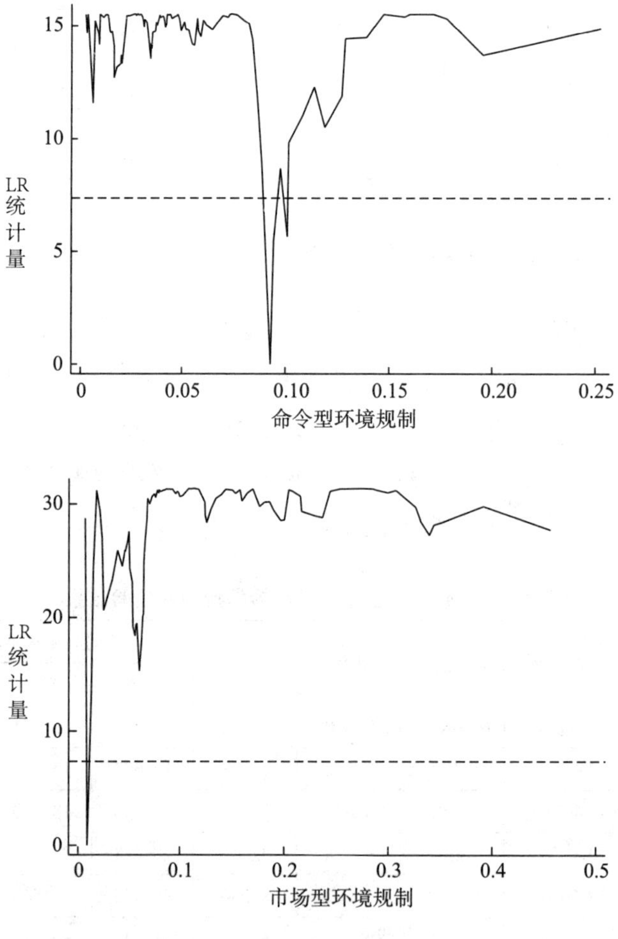

图6-1 门槛值与置信区间

场激励型环境规制与外商直接投资水平之间存在非线性关系，而不是简单的抑制或促进关系。此外，基于企业和个人形式自发对环境保护提起诉求和约束的自主参与型环境规制与外商直接投资水平之间的关系并没有通过门槛的检验，两者之间不存在非线性效应。

在门槛真实值的检验中，当外商直接投资为被解释变量时，命令控制型环境规制的门槛值为0.094，对应图6－1上图LR最小值，市场激励型环境规制的门槛值为0.009，对应图6－1下图的LR最小值。如图6－1所示，上述模型的门槛估计值的置信区间是所有LR值小于5%显著性水平下的临界值（对应图中虚线7.35）的估计值区间，位于门槛估计值和真实值相等的可接受域内。因此，门槛估计结果是真实有效的。

进一步地，通过确定的门槛值将环境规制门槛变量划分为不同的区间，并对不同强度规制水平对外商直接投资作用效果进行回归分析，得出的结果如表6－3所示。

从表6－3可以看出，命令控制型环境规制与外商直接投资水平之间呈现“U”形关系。在较低水平的左侧区间，环境规制强度每提高一个单位，外商直接投资水平下降0.075个单位，且通过了1%显著性水平检验；在较高水平的右侧区间，外商直接投资水平随着环境规制强度的增强而递增，环境规制强度每提升一个单位，外商直接投资水平增加0.005个单位，且在10%水平下显著。命令控制型环境规制与地区外商直接投资水平呈现的“U”形关系可以归结为在面对日益严峻的环境问题时，国家或地方政府率先以强制性的行政法律手段对高耗能、高排放、高污染企业进行严格管控并责令减排，短期内对于以寻求经济利益和污染避难为特征的外商投资企业造成强大冲击，进而降低了外商的直接投资水平。随着强制性环境政策的持续施压，高污染企业逐渐向减排型和清洁型结构转型，在长期通过提升自身环境技术水平以及绿色工艺突破环境技术壁垒，从而吸引外资进入。

市场激励型环境规制与命令控制型环境规制表现出截然相反的效果，呈现倒“U”形特征，在较低水平的环境规制强度下，外商直接投资水平随着环境规制的提升而加强，而超过0.009强度综合值以后出现降低的趋势。

表 6－3　不同类型环境规制对 FDI 的门槛效应估计

命令控制型环境规制				市场激励型环境规制				自主参与型环境规制			
变量	系数	t 值	P 值	变量	系数	t 值	P 值	变量	系数	t 值	P 值
CCER≤0.094	-0.075***	-2.95	0.003	*MIER*≤0.009	2.922***	5.43	0.000	*APER*	0.008	0.84	0.401
CCER>0.094	0.005*	1.65	0.094	*MIER*>0.009	-0.0007**	-1.69	0.090				
pGDP	-0.0005	-0.10	0.917	*pGDP*	0.005	1.12	0.265	*pGDP*	0.002	0.51	0.611
ML	-0.040***	-4.32	0.000	*ML*	-0.046***	-5.18	0.000	*ML*	-0.038***	-4.07	0.000
URB	-0.067**	-3.46	0.001	*URB*	-0.094***	-4.59	0.000	*URB*	-0.077***	-3.89	0.000
TRC	0.002***	3.56	0.000	*TRC*	0.0009***	2.22	0.027	*TRC*	0.001***	2.98	0.003
OPE	0.012***	2.84	0.005	*OPE*	0.012***	2.69	0.007	*OPE*	0.012***	2.67	0.008
_cons	0.077***	6.18	0.000	_cons	0.083***	6.77	0.000	_cons	0.074***	5.59	0.000
obs	360			obs	360			obs	360		
F Stat.	14.86***			F Stat.	17.45***			F Stat.	14.20***		
Prob. F	0.000			Prob. F	0.000			Prob. F	0.000		

注：***、**、*分别表示在 1%、5%、10% 水平下显著。

不难理解，市场激励型环境规制政策重在以市场运行机制来解决企业的污染问题，企业可以通过权衡经济绩效与减排成本之间的利弊选择合理的方式面对规制政策措施，无论是减少污染获取补贴还是付诸强制性排污费，企业均存在自主选择性，其并非以减少污染或改进减排技术为宗旨。在较低的规制水平下，市场激励型环境规制并不能有效对企业形成约束，外商投资也不会受到太大影响。然而，当市场激励型环境规制强度增加到一定水平，企业面临的环境约束力持续增强，依靠传统的减排手段难免受到掣肘，新的减排技术和内部革新逐渐成为企业面临的现实问题，过去企业宁可牺牲环境缴纳更多排污费甚至利用低环境标准吸引外资的行为方式不再发挥作用，随之而来的则是寻求减排技术突破和应对环境标准门槛的提高，无形之中对于低技术、高污染的外商企业的投资形成抑制作用。

对于自主参与型环境规制，门槛检验已经证实该类型环境规制并不存在门槛效应，而且从表6－3中对自主参与型环境规制进行普通的面板回归得出的结果可以看出，自主参与型环境规制对FDI的作用并不显著。究其原因，自主参与型环境规制并不像前两种类型环境规制具有正式的法律规范或市场运行体制，其依靠政府主导、企业和公众自发参与的非正式模式不具有传统的约束力，更有甚者，这种约束力发挥作用效果也存在一定的时滞，需要时间的检验。

在三种类型环境规制政策下，控制变量的作用方向及显著性基本保持了一致。市场规模的扩大并未能有效吸引外资进入，我国经济的飞速提升建立在粗放型发展模式下，对于经济增长的质量和效率并未能有效顾及，外商直接投资即使在短期能够借助于低廉资源成本、准入门槛低下的优势获得经济利益，但在长期趋势下，随着世界格局逐渐转向中高端产业及高服务技术水平，规模增长所欠缺的质量增长将成为中高端外资进入的限制。国企及国有控股企业比重越大，外商直接投资水平越低，且均通过了1%显著性水平检验，说明市场在资源配置中的决定性作用有利于外资的进入。地区交通便利性以及对外开放水平的提升也促进了外商直接投资，而城镇化水平的提高并未能提升外商直接投资，相反，表现出相反的趋势。改革开放以来，加快城镇化进程、促进传统农业转型升级一直是国家重点任务，然而，城镇化过程依旧未能将质量放在优先地位，基于“人的城镇化”以及“土地城镇化”只是在数量上急剧扩张，而人口质量以及土地效率却难以实现同等速度的提升，一定程度上限制了外资的进入。

第二节 异质性环境规制、FDI 对中国工业绿色技术创新效率的影响分析

一、计量模型构建

（一）异质性环境规制、FDI 对绿色技术创新效率影响的空间模型构建

现有研究将异质性环境规制、FDI 与绿色技术创新效率割裂开来分析的弊端显而易见，而单一指标衡量环境规制依然存在不足。考虑到地区间环境规制、FDI 的双重外部性特征，无论是污染的跨区域扩散，还是知识技术的周边溢出效应，忽视三者之间的空间关联性的传统面板回归与现实情形背离，导致结果存在偏差。综合以上多方面的考虑，本书基于 Lesage 和 Pace（2009）① 的空间交互模型，建立异质性环境规制、FDI 对中国绿色技术创新效率影响的空间杜宾模型（SDM）：

$$GTE_{it} = \alpha_i + \rho wGTE_{it} + \beta_1 ER_{it} + \beta_2 FDI_{it} + \beta_3 X_{it} + \theta_1 wER_{it} + \theta_2 wFDI_{it} + \theta_3 wX_{it} + \eta_i + \nu_t + \xi_{it} \tag{6-4}$$

为了进一步验证环境规制与 FDI 的联动效应对本地区或是邻近地区绿色技术创新效率的影响，在式（6－4）的基础上引入环境规制与 FDI 的交互项，② 新的 SDM 模型形式如下：

$$GTE_{it} = \alpha_i + \rho wGTE_{it} + \beta_1 ER_{it} + \beta_2 FDI_{it} + \beta_3 X_{it} + \beta_4 ER_{it} \times FDI_{it} + \theta_1 wER_{it} + \theta_2 wFDI_{it} + \theta_3 wX_{it} + \theta_4 wER_{it} \times FDI_{it} + \eta_i + \nu_t + \xi_{it} \tag{6-5}$$

其中，GTE 为各省份绿色技术创新效率；X 为控制变量的集合；ρ 为绿色技术创新效率空间溢出系数；w 为空间权重矩阵；wER、$wFDI$、$wER \times FDI$ 分别为环境规制、外商直接投资水平和两者交互项的空间滞后

① Lesage J P, Pace R K. Introduction to spatial econometrics [J]. Spatial Demography, 2009, 1 (1): 143－145.

② 对交互项进行了去中心化处理，以削弱交互项与构成交互项的低次项之间的多重共线性。

项；η_i、ν_t 分别是个体和时间效应。式（6－5）在一定的约束条件下可以转化成空间滞后模型（SAR）和空间误差模型（SEM），即围绕 H_0：$\theta=0$ 和 H_1：$\theta+\rho\beta=0$ 两个假设展开，如果两个假设均被拒绝，则选择 SDM，否则在 SAR 和 SEM 中选择，本书设想的 SDM 正确性还需后面进一步验证。

传统的线性回归参数作为因变量对解释变量的偏导数具有直接的解释力，然而在空间模型中并不适用。为了分析不同类型环境规制、外商直接投资以及两者交互作用对中国绿色技术创新效率的影响，需要从偏微分角度进行适当的分解，即地区环境规制、外商直接投资水平的变化不仅对本地区绿色技术创新效率产生直接的影响，同时对周围地区绿色技术创新效率产生间接的影响，地区间的空间交互作用最终达到一个新的均衡。考虑一个特定时点上的 SDM 简约形式：

$$GTE_t = (I-\rho W)^{-1}\alpha\tau_n + (I-\rho W)^{-1}(\beta S_t + \theta W S_t) + (I-\rho W)^{-1}\varepsilon \tag{6-6}$$

在式（6－6）中，τ_n 是 $N\times1$ 阶因变量的向量；α 为常数项；S_t 为所有解释变量构成的 $N\times K$ 维矩阵，则被解释变量 GTE_t 对第 K 个自变量的偏导数微分方程矩阵为：

$$\left[\frac{\partial GTE}{\partial S_{1K}}\cdots\frac{\partial GTE}{\partial S_{NK}}\right] = \begin{bmatrix} \frac{\partial GTE_1}{\partial S_{1K}} & \cdots & \frac{\partial GTE_1}{\partial S_{NK}} \\ \vdots & \vdots & \vdots \\ \frac{\partial GTE_N}{\partial S_{1K}} & \cdots & \frac{\partial GTE_N}{\partial S_{NK}} \end{bmatrix} =$$

$$(I-\rho W)^{-1}\begin{bmatrix} \beta_K & W_{12}\theta_K & \cdots & W_{1N}\theta_K \\ W_{21}\theta_K & \beta_K & \cdots & W_{2N}\theta_K \\ \vdots & \vdots & \vdots & \vdots \\ W_{N1}\theta_K & W_{N2}\theta_K & \cdots & \beta_K \end{bmatrix} \tag{6-7}$$

其中，式（6－7）右侧矩阵主对角线元素和的平均值表示地区解释变量对本地区绿色技术创新效率的直接效应，非对角线所有列与行的元素之和的平均值表示邻近地区解释变量对本地区绿色技术创新效率的间接效应，直接效应和间接效应之和为总效应。

（二）空间权重矩阵的选择

空间权重是空间关联性和空间溢出效应的基础，选择合理的权重矩阵成为必要。为了增加结果的稳健性，参考现有文献，本书选择两个空间权重矩阵指标：

1. 地理邻接权重矩阵

采用车相邻方法构建地理邻接权重矩阵，两个省份相邻取值为1，不相邻则为0，同时对矩阵进行标准化。由于海南省不与任何省份相邻，采取多数文献做法，假定海南省与广东省相邻。

2. 经济地理距离空间权重矩阵

该空间权重矩阵同时考虑了地区间地理距离和经济距离空间因素，弥补只考虑单一空间因素的弊端。参考李婧等（2010）的做法，经济地理距离空间权重 $W = W_d diag\ (\overline{Y_1}/\bar{Y},\ \overline{Y_2}/\bar{Y},\ \cdots,\ \overline{Y_n}/\bar{Y})$，其中，$W_d$ 为地理距离空间权重，$W_d = 1/d_{ij}$（d_{ij}表示地区间的直线距离），$\overline{Y_n}$为第 n 个省份2006—2017年人均实际GDP平均值，$\bar{Y}$ 为所有省份2006—2017年人均实际GDP平均水平，最后对经济地理距离空间权重矩阵进行标准化处理。

（三）变量说明

1. 被解释变量

工业绿色技术创新效率（*GTE*），测算结果已经在第三章得出。

2. 核心解释变量

异质性环境规制、外商直接投资水平以及两者交互项。

3. 控制变量

①地区经济发展水平（*pGDP*），采用地区人均GDP表示，并通过GDP指数折算为2006年不变价水平。②人力资本（*HC*），“新增长理论”强调人力资本投资对于创新的重要性，技术成果只有借助人力资本最终转化成经济效益才算是真正的创新。因此，本章采用地区人力资本①表示地区人力资本对中国工业绿色技术创新效率的影响，其中，P 代表各学历教育人

① 地区人力资本 = $(6P_{小学} + 9P_{初中} + 12P_{高中} + 16P_{大专以上})/(P_{小学} + P_{初中} + P_{高中} + P_{大专以上})$。

口数。③企业规模（*FS*），"熊彼特假设"提出企业规模和创新之间有着密切联系，认为大企业所具有的市场控制力和自身雄厚的人力物力支持，使其具有更强的创新能力。因此，本书采用规模以上工业总产值与规模以上工业企业数的比值表示企业规模对中国工业绿色技术创新效率的影响，并以工业GDP价格指数平减为2006年不变价水平。④能源结构（*ES*），中国以不可再生资源煤炭为主要能源的消费模式带来了一系列环境问题，加上资源利用效率低，区域分布不均衡等问题，可能造成工业绿色创新效率的下降，因此，本书采用历年煤炭一次能源消费量与总能源消费量的比值来衡量能源结构对中国工业绿色技术创新效率的影响。⑤政府支持（*GS*），政府研发资金的投入能够弥补创新活动产生的负外部性，同时也可能给企业带来"挤出效应"，打消企业的绿色创新积极性，为了检验政府支持的影响作用，本书选取R&D经费中政府资金占比来衡量政府支持对绿色技术创新效率的影响。⑥市场化水平（*ML*），发展与发达、工业化、现代化、增长之间联系密切，经济发展质量的改善和提高是推动绿色技术创新的决定性力量，经济发达程度对绿色技术创新有着较为深刻的影响。因此，本书以人均GDP作为经济发达程度的替代指标衡量市场化水平对工业绿色技术创新效率的影响。⑦地区要素禀赋（*RFE*），以地区资本劳动比表示，资本采用各地区历年固定资产投资存量，劳动选用地区从业人员，同时根据固定资产投资价格指数将固定资产投资存量转换成2003年不变价格。

4. 数据来源及描述

本书采用除去香港、澳门、台湾以及西藏之外中国30个省份2006—2017年面板数据，各省份绿色技术创新效率由两阶段超效率网络SBM-DEA模型测算获得，其余数据主要来自《中国统计年鉴》《中国工业经济统计年鉴》《中国能源统计年鉴》《中国科技统计年鉴》《中国教育统计年鉴》《中国环境统计年鉴》《中国环境年鉴》以及EPS数据库，统计结果如表6-4所示。

表6-4 变量描述性统计

变量	变量说明	单位	观测值	均值	标准差	最小值	最大值
FDI	外商直接投资水平	—	360	0.025	0.019	0.000	0.082
CCER	命令控制型环境规制	—	360	0.063	0.065	0.002	0.485
MIER	市场激励型环境规制	—	360	0.136	0.114	0.004	0.787
APER	自主参与型环境规制	—	360	0.125	0.095	0.007	0.527
GTE	绿色技术创新效率	—	360	0.355	0.256	0.032	1.405
pGDP	地区经济发展水平	万元/人	360	1.434	0.749	0.406	4.104
HC	人力资本	年	360	0.370	0.520	0.002	4.115
FS	企业规模	万元	360	9.983	0.500	8.760	10.886
ES	能源结构	—	360	0.685	0.269	0.009	0.928
GS	政府支持	万元/年	360	5.595	4.237	0.141	23.707
ML	市场化水平	—	360	0.378	0.184	0.097	0.839
RFE	地区要素禀赋	万元/人	360	4.345	2.684	0.451	14.161

二、实证结果及分析

（一）空间相关性检验

为了使实证结果更真实可靠，首先需要对普通面板模型的残差进行空间滞后和空间误差检验（见表6-5），LM检验和LR检验均拒绝了$H_0: \theta = 0$和$H_1: \theta + \rho\beta = 0$的原假设，其变量间的空间相关性可根据Fischer（2005）的检验原则得到证实，通过对普通面板回归结果的初步检验证实空间因素的影响不能被忽略。

表6-5 普通面板回归结果

检验变量	地理邻接权重	经济地理距离权重	地理邻接权重	经济地理距离权重	地理邻接权重	经济地理距离权重
pGDP	0.1226*** (8.7609)	0.1226*** (8.7609)	0.1341*** (9.5812)	0.1341*** (9.5812)	0.1213*** (8.6650)	0.1213*** (8.6650)
HC	-0.0022 (-0.1209)	-0.0022 (-0.1209)	-0.0058 (-0.3218)	-0.0058 (-0.3218)	-0.0005 (-0.0241)	-0.0005 (-0.0241)

续表

检验变量	地理邻接权重	经济地理距离权重	地理邻接权重	经济地理距离权重	地理邻接权重	经济地理距离权重
FS	0.0802** (3.1219)	0.0802** (3.1219)	0.0565** (2.1723)	0.0565** (2.1723)	0.0804*** (3.0412)	0.0804*** (3.0412)
ES	-0.0029*** (-81140)	-0.0029*** (-8.1140)	-0.0026*** (-2.8169)	-0.0026*** (-7.1440)	-0.0029*** (-8.0589)	-0.0029*** (-8.0589)
GS	-0.0060** (-2.6667)	-0.0060** (-2.6667)	-0.0062** (-2.8169)	-0.0062** (-2.8169)	-0.0061*** (-2.6919)	-0.0061*** (-2.6919)
ML	-0.0055*** (-9.1324)	-0.0056*** (-9.1323)	-0.0055*** (-9.2669)	-0.0055*** (-9.2669)	-0.0056*** (-9.1148)	-0.0056*** (-9.1148)
RFE	0.0043 (0.6628)	0.0043 (0.6628)	0.0014 (0.2162)	0.0014 (0.2162)	0.0073 (1.1263)	0.0073 (1.1263)
FDI	-0.0423** (-2.1603)	-0.0423** (-2.1603)	-0.0561** (-2.7892)	-0.0561** (-2.7892)	-0.04176** (-2.1092)	-0.04176** (-2.1092)
CCER	0.1446*** (1.9498)	0.1446*** (1.9498)	—	—	—	—
CCER×*FDI*	0.4456 (1.9498)	0.4456 (1.9498)	—	—	—	—
MIER	—	—	0.5768*** (4.2481)	0.5768*** (4.2481)	—	—
MIER×*FDI*	—	—	0.7393 (2.7893)	0.7393 (2.7893)	—	—
APER	—	—	—	—	0.0349** (0.8646)	0.0349** (0.8646)
APER×*FDI*	—	—	—	—	0.0071 (0.0159)	0.0071 (0.0159)
LM lag	7.5185**	0.0179	6.0261**	0.0749	9.3937***	0.2608
LM error	32.5861***	4.0757**	23.7113***	3.2143*	36.7869***	5.8095**
Robust LM lag	9.9139***	10.7118***	10.4061***	12.7240***	10.4473***	11.1661
Robust LM error	25.9814***	5.7696**	18.0913***	5.8634**	27.8406***	6.7148***

注：***、**、*分别表示在1%、5%、10%水平下显著，括号内为t值。

空间相关性检验确定了绿色技术创新效率存在空间交互作用，为了对不同类型环境规制、FDI以及两者交互项对绿色技术创新效率影响的空间作用机制进行解释，模型的选择至关重要。进一步对空间杜宾模型进行Wald检验和LR检验，除个别结果外，其余检验结果均在1%的水平下显著，又对空间效应以及时间效应进行了Hausman检验并进行合理控制，最终选择双固定效应下的空间杜宾模型进行实证分析。为证实该模型选择的合理性，主要根据两个原假设 $H_0: \theta = 0$ 和 $H_1: \theta + \rho\beta = 0$ 展开，若两个原假设均被拒绝，则SDM不能简化为空间滞后或空间误差模型。

表6-6给出了空间滞后和空间误差的Wald和LR检验，在三种不同类型环境规制以及不同空间权重下均拒绝了两个原假设，表明了建立空间杜宾模型的合理性。此外，在空间模型中对空间效应以及时间效应进行了Hausman检验并进行合理的控制，最终基于极大似然估计（MLE）方法汇总三种类型环境规制、FDI及其交互项对绿色技术创新效率的估计结果，如表6-6所示。

表6-6 不同类型环境规制、FDI对绿色技术创新效率影响的SDM估计结果

变量	命令控制型环境规制		市场激励型环境规制		自主参与型环境规制	
	地理邻接权重	经济地理距离权重	地理邻接权重	经济地理距离权重	地理邻接权重	经济地理距离权重
pGDP	-0.0920 (-1.4619)	-0.0136 (-0.1936)	-0.1860** (-2.9914)	-0.1107** (-1.5225)	-0.1030 (-1.6526)	0.0344 (0.4847)
HC	0.0471** (2.5492)	0.0578** (2.9621)	0.0318* (1.7920)	0.0423** (2.2662)	0.0302 (1.5806)	0.0618*** (3.0785)
FS	-0.0112 (-0.2180)	-0.0940* (-1.7883)	0.03169 (0.6517)	-0.0474 (-0.9451)	0.0092* (0.1801)	-0.0986* (-1.8485)
ES	-0.0024** (-2.4993)	-0.0032*** (-3.5490)	-0.0035*** (-3.7879)	-0.0039*** (-4.4687)	-0.0025** (-2.6061)	-0.0034*** (-3.7523)
GS	-0.0089** (-2.7648)	-0.0095** (-2.8945)	-0.0068** (-2.2462)	-0.0074** (-2.3766)	-0.0086** (-2.7429)	-0.0098*** (-3.0116)
ML	-0.0008 (-0.6618)	-0.0022* (-1.7121)	-0.0033** (-2.6624)	-0.0044*** (-3.4313)	-0.0007 (-0.5261)	-0.0019 (-1.4487)
RFE	0.0240* (2.6748)	0.0183* (1.9138)	0.0274** (3.2053)	0.0215** (2.2997)	0.0307*** (3.4123)	0.0207** (2.0784)

续表

变量	命令控制型环境规制		市场激励型环境规制		自主参与型环境规制	
	地理邻接权重	经济地理距离权重	地理邻接权重	经济地理距离权重	地理邻接权重	经济地理距离权重
FDI	-0.0399 * (-2.6791)	-0.0296 ** (-1.8747)	-0.0361 ** (-2.5379)	-0.0279 * (-1.8504)	-0.0350 ** (-2.3522)	-0.0291 * (-1.8209)
CCER	0.0513 * (1.8840)	0.0885 * (1.8565)	—	—	—	—
CCER × FDI	-0.1235 * (1.7998)	-0.1249 * (1.7839)	—	—	—	—
MIER	—	—	0.6174 *** (5.4012)	0.4332 *** (3.9967)	—	—
MIER × FDI	—	—	-0.9181 *** (-4.1746)	-0.7029 *** (-3.1570)	—	—
APER	—	—	—	—	0.1692 ** (2.1044)	0.0053 * (1.8362)
APER × FDI	—	—	—	—	-0.0643 * (1.8012)	-0.0704 * (0.1954)
W × pGDP	-0.1793 (-1.4906)	-0.1342 (-1.0811)	-0.4516 ** (-3.8834)	-0.3998 ** (-3.2608)	-0.2424 ** (-2.0747)	-0.1469 * (-1.1655)
W × HC	-0.0320 (-0.9161)	0.1260 (2.5803)	-0.0489 (-1.4589)	0.0788 * (1.6752)	-0.0861 ** (-2.3836)	0.1134 ** (2.2007)
W × FS	0.1873 (1.6231)	-0.4538 ** (-2.9238)	0.2701 ** (2.4681)	-0.2754 * (-1.8168)	0.2135 * (1.8758)	-0.4148 ** (-2.6698)
W × ES	-0.0045 ** (-2.5420)	-0.0039 (-0.9009)	-0.0031 * (-1.7993)	-0.0043 * (-1.0255)	-0.0042 ** (-2.3698)	-0.0031 * (-0.7065)
W × GS	-0.0012 (-0.1801)	0.0042 (0.4926)	-0.0010 (-0.1512)	0.0062 (0.7817)	-0.0058 (-0.8366)	0.0004 (0.0456)
W × ML	-0.0069 ** (-2.4360)	0.0029 (0.8045)	-0.0158 *** (-5.5229)	-0.0071 * (-1.8871)	-0.0097 *** (-3.5297)	0.0019 (0.5346)
W × RFE	0.4260 * (2.5557)	0.0190 * (0.9783)	0.0251 (1.5683)	0.0101 (0.5633)	0.0393 ** (2.3397)	0.0066 * (0.3470)
W × FDI	0.0442 (1.4952)	0.1763 *** (4.0605)	0.0238 *** (0.8379)	0.1279 (3.0949)	0.0438 (1.4940)	0.1732 *** (3.9686)

续表

变量	命令控制型环境规制		市场激励型环境规制		自主参与型环境规制	
	地理邻接权重	经济地理距离权重	地理邻接权重	经济地理距离权重	地理邻接权重	经济地理距离权重
$W \times CCER$	-0.6104** (-4.5068)	-0.4681** (-2.3386)	—	—	—	—
$W \times CCER \times FDI$	0.4082* (1.8020)	0.5257* (1.8194)	—	—	—	—
$W \times MIER$	—	—	0.4812** (2.2601)	1.0711** (3.7848)	—	—
$W \times MIER \times FDI$	—	—	0.0489* (1.8104)	2.2827* (1.8071)	—	—
$W \times APER$	—	—	—	—	1.1331*** (-5.2081)	0.7814*** (-1.9042)
$W \times APER \times FDI$	—	—	—	—	1.8273 (0.5657)	0.2812 (0.7410)
ρ	0.1029* (1.1215)	0.0689* (1.7961)	0.0689* (3.2665)	0.0149** (2.9151)	0.1520* (1.7422)	0.1209* (1.6627)
R-squared	0.8651	0.8594	0.8700	0.8737	0.8679	0.8580
Log-likelihood	333.18698	325.56153	349.22223	342.47916	336.46095	323.60378
Wald_ spatial_ lag	61.5804***	45.9233***	63.9900***	54.8895***	70.4280***	43.9403***
LR_ spatial_ lag	61.2100***	45.4647***	60.5494***	49.3760***	68.1746***	42.9310***
Wald_ spatial_ error	55.9058***	43.3173***	59.5536***	50.5068***	64.8360***	41.6862***
LR_ spatial_ error	54.1677***	42.7000***	53.9348***	46.0034***	60.5019***	40.4700***
Hausman_ test	18.24**	22.87***	21.88***	17.41**	19.75**	26.53***

注：***、**、*分别表示在1%、5%、10%水平下显著。

从表6-6估计结果可以看出，无论在何种环境规制政策以及空间权重下，绿色技术创新效率的空间滞后项系数ρ均显著为正并通过了10%的显著性检验，表明区域之间绿色技术创新效率存在明显的正向溢出效应。绿色技术创新效率不仅受本地自身因素和经济条件影响，同时受到相邻区域因素的影响。基于经济地理距离权重矩阵的空间滞后系数在三种环境规制政策下均显著于地理邻接权重矩阵，说明区域之间的空间关联不仅受到地理学上地域区位的远近影响，同时地区之间的经济发展水平差异也扮演着重要角色。

本书重点关注不同类型环境规制、FDI 以及两者交互项对绿色技术创新效率的作用效果，从估计结果中可以看出命令控制型环境规制、市场激励型环境规制和自主参与型环境规制不论是基于地理邻接权重还是经济地理距离权重对于本地绿色技术创新效率均具有促进作用，分别在相应的显著性水平下显著，而外商直接投资水平不论是基于地理邻接权重还是经济地理距离权重对于本地绿色技术创新效率均具有抑制作用，分别在相应的显著性水平下显著。另外，命令控制型环境规制、市场激励型环境规制和自主参与型环境规制分别与外商直接投资的交互项对本地绿色技术创新效率都具有抑制作用，均在相应显著性水平下显著。

从三个核心变量空间滞后项的作用效果来看，三种类型环境规制效果出现了分歧。邻近地区实施命令控制型环境规制政策对本地绿色技术创新效率具有抑制作用，邻近地区实施市场激励型环境规制政策对本地绿色技术创新效率具有促进作用，邻近地区实施自主参与型环境规制政策对本地绿色技术创新效率具有促进作用，并且在两种空间权重下均通过 5% 显著性检验。邻近地区外商直接投资水平不论是基于邻接权重还是经济地理距离空间权重对本地区绿色技术创新效率均具有抑制作用，并且在 10% 水平上显著，表明邻近地区外商直接投资水平在空间交互作用下对本地绿色技术创新效率的提升形成了阻碍。从 $W \times ER \times FDI$ 估计结果来看，邻近地区命令控制型环境规制、市场激励型环境规制与外商直接投资的交互机制对本地区绿色技术创新效率均具有促进作用，并通过 10% 显著性检验，自主参与型环境规制与外商直接投资的交互机制对本地区绿色技术创新效率作用效果则不显著。

（二）空间效应分解

空间回归模型研究代表国家或地区之间复杂的依赖关系，与因变量相关的任何一个对象（地区）的改变都会影响该地区本身（直接效应），并潜在影响所有其他地区（间接效应），基于传统的面板回归用偏导数概念直接解释自变量的作用效果，在空间模型中并不适用。鉴于此，通过各变量对绿色技术创新效率的空间效应进行适当分解获得直接效应、间接效应及总效应的数值。各变量基于不同空间权重下空间效应分解结果如表 6－7 和表 6－8 所示。

表6-7　基于地理邻接权重空间效应分解结果

变量	直接效应			间接效应			总效应		
pGDP	-0.0882 (-1.4454)	-0.1665** (-2.6333)	-0.0964 (-1.5173)	-0.1654 (-1.3862)	-0.3628*** (-3.6635)	0.2137* (-2.0085)	-0.2537* (-1.9186)	0.5292*** (4.6983)	-0.3100** (-2.6368)
HC	0.0489** (2.7095)	0.0344* (1.9529)	0.0335* (1.7963)	-0.0338 (1.0157)	-0.0492* (-1.7121)	-0.0830** (-2.5082)	0.0151 (0.3925)	-0.0148 (-0.4470)	-0.0496 (-1.2934)
FS	-0.0139 (-0.2691)	-0.0182 (-0.3639)	-0.0025 (-0.0492)	0.1829* (1.7032)	0.2356** (2.3657)	0.1986 (1.9213)	0.1691 (1.3732)	0.2538** (2.3584)	0.2311 (1.7480)
ES	-0.0023** (-2.3404)	-0.0035*** (-3.6043)	-0.0024** (-2.4459)	-0.0042** (-2.3916)	-0.0021** (-1.2491)	-0.0035** (-2.1607)	-0.0066*** (-3.8532)	-0.0055*** (-3.7500)	-0.0059*** (-3.8076)
GS	-0.0089*** (-2.9107)	-0.0070** (-2.2344)	-0.0083** (-2.5930)	-0.0002 (-0.0360)	0.0006 (0.0961)	-0.0042 (-0.6684)	-0.0092 (-1.2425)	-0.0064 (-1.0504)	-0.0125* (-1.8098)
ML	-0.0008 (-0.6575)	-0.0026* (-2.0392)	-0.0004 (-0.2908)	-0.0065** (-2.3732)	-0.0132*** (-5.1296)	-0.0088*** (-3.2634)	-0.0073** (-2.5734)	-0.0158*** (-5.9877)	-0.0092** (-3.4696)
RFE	0.0234** (2.6658)	0.0263*** (3.0613)	0.0299*** (3.2138)	0.0389** (2.4425)	0.0174 (1.2264)	0.0334** (2.2100)	0.0624*** (3.4367)	0.0437*** (2.8391)	0.0632*** (3.8075)
FDI	-0.0443** (-2.6776)	-0.0373** (-2.6015)	-0.0364** (-2.4202)	0.0440 (1.5445)	0.0271 (1.0876)	0.0343 (1.5923)	-0.0003* (-1.8832)	-0.0102 (-0.3908)	-0.0021* (-1.8598)
CCER	0.0630* (1.8598)	—	—	-0.5861*** (-4.4369)	—	—	-0.5231*** (-3.4859)	—	—

续表

变量	直接效应			间接效应			总效应		
CCER × *FDI*	-0.4128* (-1.7951)	—	—	0.3845 (1.0231)	—	—	-0.0238* (-1.8404)	—	—
MIER	—	0.5937*** (4.7766)	—	—	0.3220* (1.6784)	—	—	0.9157*** (5.6811)	—
MIER × *FDI*	—	-0.0912** (-2.4331)	—	—	0.1092* (1.7782)	—	—	0.1000** (2.1463)	—
APER	—	—	0.1349* (1.9898)	—	—	1.0169** (2.3103)	—	—	1.1519*** (4.8293)
APER × *FDI*	—	—	-0.4587* (-1.2845)	—	—	1.6094 (0.3103)	—	—	1.1507 (0.8298)

注：***、**、*分别表示在1%、5%、10%水平下显著，括号内为t值。

表 6－8　基于经济地理距离权重空间效应分解结果

变量	直接效应			间接效应			总效应		
pGDP	－0. 0089 (－0. 1304)	－0. 0917 (－1. 2460)	0. 0394 (0. 5487)	－0. 1209 (－1. 0498)	－0. 3036 *** (－2. 9568)	－0. 1338 (－1. 2088)	－0. 1298 * (－0. 9688)	0. 3954 *** (－3. 2826)	－0. 0944 (－0. 7174)
HC	0. 0560 *** (2. 8552)	0. 0391 ** (2. 0995)	0. 0589 *** (2. 8186)	0. 1096 ** (2. 4512)	0. 0534 (1. 4342)	0. 0933 * (2. 0271)	0. 1756 *** (3. 1756)	0. 0925 ** (2. 2053)	0. 1523 *** (2. 8739)
FS	－0. 0836 (－1. 5675)	－0. 0341 (－0. 6510)	－0. 0880 (－1. 6024)	－0. 4103 ** (－2. 6957)	－0. 2093 (－1. 6430)	0. 3680 ** (－2. 5222)	－0. 4939 *** (－3. 3388)	－0. 2435 ** (－2. 0439)	0. 4560 *** (3. 2779)
ES	－0. 0032 *** (－3. 3421)	－0. 0037 *** (－3. 9499)	－0. 0033 *** (－3. 6663)	－0. 0033 (－0. 8145)	－0. 0023 (－0. 6815)	－0. 0022 (－0. 5529)	－0. 0065 (－1. 6314)	－0. 006 * (－1. 9126)	－0. 0056 (－1. 4152)
GS	－0. 0095 *** (－2. 8862)	－0. 0077 ** (－2. 3926)	－0. 0098 *** (－3. 0513)	0. 0048 (0. 6167)	0. 0069 (1. 0725)	0. 0016 (0. 2163)	－0. 0047 (－0. 5658)	－0. 0008 (－0. 1182)	－0. 0082 (－1. 0189)
ML	－0. 0023 * (－1. 7079)	－0. 0041 *** (－3. 2117)	－0. 0019 (－1. 4558)	0. 0028 ** (0. 8305)	－0. 0045 (－1. 5179)	0. 0022 (0. 6683)	0. 0005 (0. 1563)	－0. 0086 *** (－2. 7817)	0. 0003 (0. 0762)
RFE	0. 0177 * (1. 8714)	0. 0213 ** (2. 3310)	0. 0208 ** (2. 1383)	0. 0151 (0. 8515)	0. 0039 (0. 2699)	0. 0338 (0. 2280)	0. 0327 (1. 6011)	0. 0252 (1. 5258)	0. 0246 (1. 2753)
FDI	0. 064561	－0. 0342 ** (－2. 1673)	－0. 0326 ** (－2. 0581)	0. 1636 *** (3. 8678)	0. 1118 *** (3. 2464)	0. 1607 *** (3. 7959)	0. 1313 *** (3. 1287)	0. 0776 ** (2. 4010)	0. 1281 *** (3. 0957)
CCER	0. 0979 * (1. 8847)	—	—	－0. 4383 ** (－2. 3218)	—	—	－0. 3404 (－1. 6610)	—	—

续表

变量	直接效应			间接效应			总效应		
CCER×*FDI*	-0.1071* (-1.8027)	—	—	0.0493* (1.9659)	—	—	-0.0578* (-1.7522)	—	—
MIER	—	0.3881*** (3.5041)	—	—	0.7667*** (3.3089)	—	—	1.1548*** (5.2965)	—
MIER×*FDI*	—	-0.6938*** (-3.0383)	—	—	0.0573* (1.8015)	—	—	0.6355* (1.7754)	—
APER	—	—	0.0152 (1.1041)	—	—	0.7047* (1.8998)	—	—	0.7199* (1.7577)
APER×*FDI*	—	—	-0.062* (-1.8705)	—	—	0.2534 (0.2329)	—	—	0.1914 (0.2897)

注：***、**、*分别表示在1%、5%、10%水平下显著，括号内为t值。

可以看出，无论是基于地理邻接权重还是经济地理距离权重，各变量分解效应符号基本保持一致，模型稳健性较好。以下主要基于地理邻接权重来分析不同类型环境规制、FDI、两者交互项及控制变量的空间效应分解结果。

从环境规制的政策差异来看，三种类型环境规制对地区绿色技术创新效率的直接效应均为正，系数分别为0.0630、0.5937和0.1349，表明地方无论实施何种规制政策，对于本地绿色技术创新效率均具有提升作用，而且从系数大小可以看出，市场激励型环境规制效果优于命令控制型环境规制和自主参与型环境规制，而命令控制型环境规制效果最差。

总体上看，地方实施环境规制政策对于企业减排、环境保护发挥了其相应的监督和约束作用，促进企业生产技术转型升级以及环保观念转变，使其逐渐走上绿色化生产道路。由于环境规制政策的差异性，市场激励型环境规制能够有效利用市场和充分发挥政策手段的灵活多变性，企业能够在合理评估成本收益的基础上采取相应的减排措施，达到生产与环境保护的最优组合。命令控制型环境规制尽管实施手段强硬，能在短时间达到污染减排效果，但“一刀切”的执行策略使得企业难有适当的缓冲时间，过高的环境标准在短期也使得企业面临“遵循成本”过高的压力，导致技术创新动力不足。自主参与型环境规制完全基于企业、个人自发行为，尽管没有正式的法律规范和政策标准，但并未影响其约束效力和执行效果。

在间接效应上，三种不同类型环境规制效果出现了明显的分化。命令控制型环境规制的间接效应显著为负，环境规制强度每增加一个单位，邻近地区绿色技术创新效率下降0.5861个单位。市场激励型环境规制的间接效应依然为正，每提高一个单位环境规制强度，邻近地区绿色技术创新效率提升0.3220个单位。自主参与型环境规制的间接效应同样为正，每提高一个单位环境规制强度，邻近地区绿色技术创新效率提升1.0169个单位。产生这种分化的原因可能是命令控制型环境规制强硬的法律规章手段容易引致周边地区的“逐底竞争”行为，邻近地区在经济利益驱使下降低规制强度来争取经济资源的流入，地区之间相互竞次博弈，最终陷入一种恶性循环之中，不利于整体绿色技术创新效率的提升，从总效应为负可见一斑。市场激励型环境规制尽管无法避免邻近地区采取“逐底竞争”行为，但其良好的市场运行机制以及灵活多变的执行举措使得企业能够自主选择合理减排及生产模式，并通过生产工艺革新、技术研发创新满足环境减排标准，实现减排和提高效率双赢目标，邻近地区为避免形成较大的技术和生产效率差距，更倾向于通过竞优策略提高自身规制强度和技术研发水平，地区之间的良性互动推动整体上绿色技术创新效率的提高，总效应为正对此提供了很好的佐证。自主参与型环境规制通过群众自发形成的约束力和执行效力对周边区域进行扩散最终形成有效的区域之间互动现象。

从FDI对绿色技术创新效率的直接效应上来看，外商直接投资水平的提升对于本地绿色技术创新效率均具有抑制作用，在三种不同类型环境规制下作用系数分别为-0.0443、-0.0373和-0.0364，在间接效应上，地区外商直接投资水平的提高对于邻近地区绿色技术创新效率的影响不够显著，因此FDI对绿色技术创新效率的总效应为负值。对于产生这种结果的合理性解释为：外商直接投资的进入在地区发挥的“污染避难所”效应强于“污染天堂”效应，尽管引进外资有利于先进技术进入，同时能够带来先进的管理经验，提高企业环境技术以及生产竞争力，但却不能弥补外资进入所产生的污染负效应。另外，我国在吸引外资上以附加值较低的产业为主，对附加值高的高端产业吸引能力不足，外资更看重的是国内低廉的要素资源成本，无形之中会加剧本地污染程度。尽管本地能够通过技术吸收、先进理念抵消污染的负面效果，但污染的周边扩散对于邻近地区绿色发展形成强大阻碍，外资的技术溢出效应和示范效应难以得到有效发挥。

对于环境规制与FDI的交互项，三种类型环境规制与FDI的交互项对本地的直接效应均为负，对邻近地区绿色技术创新效率的间接效应出现了差异，命令控制型环境规制、市场激励型环境规制与FDI的交互项的间接效应均为正，而自主参与型环境规制间接效应不显著。此外，命令控制型环境规制正的间接效应难以抵消其对绿色技术创新效率负的直接效应，总效应为负，而市场激励型环境规制正的间接效应超过负的直接效应，总效应为正，自主参与型环境规制对绿色技术创新效率的总效应则不显著。这一现象不难解释，在对不同类型环境规制对FDI的门槛效应分析中已经发现命令控制型环境规制与FDI表现出“U”形关系，而市场激励型环境规制与FDI则表现出倒“U”形关系，在加强地区环境规制水平情况下，无论是命令控制型环境规制还是市场激励型环境规制都会抑制FDI进入。鉴于FDI对本地绿色技术创新效率具有抑制作用，FDI的抑制会降低本地绿色技术创新效率，表现出直接效应为负值，而FDI水平的提升对邻近地区绿色技术创新效率具有负向作用，本地区外商投资的减少则会提升邻近地区效率，交互项的间接效应则表现出正的数值。由于地区之间在市场激励型政策下更容易形成“逐顶竞争”的良性循环，整体上对于绿色技术创新效率提升大有裨益。

从控制变量来看，地区人力资本水平未能有效发挥提升绿色技术创新效率的作用，人力资本转化为技术生产力还需相应的政策扶持以及激励机制。企业规模对本地区绿色技术创新效率具有抑制作用，表明当前企业生产还是更注重数量规模扩张而轻效率，质量变革依然任重道远。技术人员占比的提高对本地区绿色技术创新效率具有提升作用，但溢出效应不显著，技术人员跨区域流动存在空间壁垒。能源结构依然是绿色技术创新效率提升的重大阻碍，不仅不利于本地区绿色技术创新效率提升，也对周围地区产生不利影响。市场化水平和资本劳动比的提升整体上对绿色技术创新效率均具有促进作用，必须坚持市场在资源配置中的决定性作用，完善市场运行机制。

（三）最终结果对比分析

对第四章未加入命令控制型环境规制、市场激励性环境规制、自主参与型环境规制与FDI交互项和本章加入命令控制型环境规制、市场激励性环境规制、自主参与型环境规制与FDI交互项的最终结果进行对比分析，可以看出交互项的加入并未影响三种类型环境规制和外商直接投资对绿色技术创新效率影响的符号和显著性，说明命令控制型环境规制、市场激励型环境规制、自主参与型环境规制与FDI对绿色技术创新效率的影响的作用效果较为稳定。

第三节　本章小结

本章首先对异质性环境规制与FDI的相互关系进行门槛检验，其次实证分析了异质性环境规制、FDI以及两者交互项对中国绿色技术创新效率的空间作用结果。

研究发现：①不同类型环境规制对 FDI 的影响出现明显的差异，命令控制型环境规制与 FDI 表现出“U”形关系，而市场激励性环境规制与 FDI 则为倒“U”形关系，自主参与型环境规制对 FDI 的影响不显著。②空间杜宾模型结果表明，无论是命令控制型环境规制、市场激励型环境规制还是自主参与型环境规制，地区环境规制强度的提升都促进了本地绿色技术创新效率提升，但对邻近地区绿色技术创新效率影响则出现了分化现象，命令控制型环境规制的间接效应表现为负向作用并超过正向作用，而市场激励型环境规制的间接效应为正，自主参与型环境规制的间接效应不显著；FDI 对本地和邻近地区绿色技术创新效率具有抑制作用，外商直接投资强度的增加不利于绿色技术创新效率的提升；三种类型环境规制与 FDI 的交互作用对本地绿色技术创新效率均具有抑制作用，在对邻近地区绿色技术创新效率的间接影响上命令控制型环境规制与 FDI 的交互作用影响为负，市场激励型环境规制与 FDI 的交互作用影响为正。③能源结构、企业规模对于绿色技术创新效率的提升具有抑制作用，市场化水平、资本劳动比总体上对绿色技术创新效率具有促进作用，地区人力资本对绿色技术创新效率的影响不显著，人力资本转化技术生产能力存在不足。

第七章　研究结论、政策建议及研究展望

第一节　研究结论

本书在规模报酬可变（VRS）的基础上，考虑技术创新生产过程中环境非期望产出、投入过多与产出不足的特征事实，将绿色技术创新过程分为绿色科技研发和绿色成果转化两阶段，建立非径向、非角度两阶段超效率网络 SBM - DEA 模型，测算中国各省份工业绿色技术创新效率，并研究了异质性环境规制、FDI 对中国工业绿色技术创新效率的影响，对于促进中国工业优化升级具有重要意义。通过理论分析与实践检验，本书主要得出以下研究结论：

一、中国工业绿色技术创新效率水平较低

通过对 2006—2017 年中国工业绿色技术创新效率测度结果发现，中国工业绿色技术创新的投入和产出逐年增加，但整体水平较低，中国工业绿色技术创新整体增长幅度远高于中国工业污染排放，一定程度上从侧面反映出近年来中国的绿色技术创新得到了积极发展，也取得了一定的成绩。中国工业绿色技术创新效率整体水平不高，呈现由东部地区到中部地区再到西部地区逐渐下降的分布格局，且各地区集聚情况较为稳定。中国工业绿色技术创新效率表现出较强的空间相关性，具有较稳定的路径依赖特征，西部地区呈现低—低集聚现象，东部地区呈现高—高集聚现象。

二、不同类型环境规制对绿色技术创新效率的影响效果不同

命令控制型环境规制只对本地区的绿色技术创新产生积极的促进作

用，但是总效应却为负值；市场激励型环境规制和自主参与型环境规制能够同时促进本地区和邻近地区绿色技术创新效率的提升。不同地区在面对不同类型环境规制的选择上存在空间上的异质性。东部地区命令控制型环境规制总效应为负，市场激励型环境规制和自主参与型环境规制为正，中部地区命令控制型环境规制效果不够显著，西部地区命令控制型环境规制和市场激励型环境规制的效应为负。

三、双向 FDI 对绿色技术创新效率的影响不同

通过空间计量模型以及溢出效应分解得出双向 FDI 对中国绿色技术创新效率的影响存在差异，其中，外商直接投资（*FDI*）对本地区的绿色技术创新效率表现为抑制作用，对邻近地区作用效果不显著，对外直接投资（*OFDI*）对本地区和邻近地区的绿色技术创新效率均表现为抑制作用，但两者交互项（$FDI \times OFDI$）由于互补效应的存在对本地区和邻近地区绿色技术创新效率的影响均转为促进作用。

四、不同类型环境规制对 FDI 的影响出现明显的差异

命令控制型环境规制与 FDI 表现出“U”形关系，而市场激励性环境规制与 FDI 则为倒“U”形关系，自主参与型环境规制对 FDI 的影响不显著。

五、三种类型环境规制与 FDI 的交互作用对本地绿色技术创新效率均具有抑制作用

三种类型环境规制与 FDI 的交互作用对本地绿色技术创新效率均具有抑制作用，在对邻近地区绿色技术创新效率的间接影响上，命令控制型环境规制与 FDI 的交互作用影响为负，市场激励型环境规制与 FDI 的交互作用影响为正。

第二节　政策建议

根据上文异质性环境规制、FDI 对中国工业绿色技术创新效率影响作

用的研究结论，本书提出以下建议：

（1）未来对中国工业绿色技术创新效率水平的提升可以考虑以下几个方面：第一，改善工业绿色创新环境，发挥区域之间协调性。新型工业化的核心在于绿色创新，要做到既有绿色也有创新，就不能只关注创新产出增长忽视环境污染和效率提升，要调整和关闭落后产能，严格把控工业污染排放量，改善工业绿色创新环境，促进生态环境修复。东、中、西部地区工业绿色创新效率水平存在较明显差异，东部地区应继续发挥区位优势，开展高科技、信息化创新，带动中、西部地区协同发展，中、西部地区应结合自身实际，特别是生态脆弱区，要在不以牺牲环境为代价的前提下提升企业创新水平。第二，利用空间溢出效应提升工业绿色技术创新效率。尽管政府研发资金的投入对工业绿色技术创新效率产生了负向作用，但其具有的宏观调控职能对工业发展依然具有重要意义，政府部门应充分发挥其引导功效，调动各个创新主体的积极性，建设创新平台，扩大信息披露、经济激励等政策的相互协调和应用范围，为工业绿色创新打造完善的制度环境。各地区在吸引外资注入的过程中，应将重点放到外资企业的绿色可持续发展的能力上，多引进技术密集型产业替代劳动密集型产业，为工业绿色创新注入更为清洁、高效的高技术成分，各地区应严格实施"负面清单管理模式"，切实避免"污染避难所"效应。优化能源结构，在能源消费方式上减少对煤炭等不可再生资源的使用，积极开发新能源，引导开发太阳能、电能、风能、天然气等资源，辐射带动中、西部地区向低排放、低投入、高产出的绿色创新模式转变。第三，立足当前实际，促进区域工业融合发展。鉴于东部地区工业绿色创新的优势地位，充分发挥东部地区技术溢出效应，帮助提升中、西部地区科技研发水平，有效促进科技成果转化。优化工业布局，注重生态脆弱区工业发展的可持续性，实现高效节约的发展方式，促进区域间由协同发展走向融合发展。

（2）不同类型环境规制对绿色技术创新效率的影响效果不同。命令控制型环境规制只对本地区的绿色技术创新产生积极的促进作用，但是总效应却为负值，因此，国家行政管理部门还需要进一步强化和完善命令控制型环境规制的制定和实施；市场激励型环境规制和自主参与型环境规制能够同时促进本地区和邻近地区绿色技术创新效率的提升，因此，需要进一步完善市场和公众自主参与机制，通过市场有效引导和公众积极参与，促进工业企业由市场驱动向创新驱动转型。同时，鉴于不同类型环境规制具有不同的优势和不足，政府相关部门应该立足实际，搭配使用环境规制工具，最终达到协同互补。

（3）不同地区在面对不同类型环境规制的选择上存在空间上的异质性。应实施区域工业融合发展战略，发挥不同类型环境规制特有优势，取长补短。对于东部地区，应以市场激励型和命令控制型环境规制为主，进一步优化市场激励型环境规制工具，将发展的外部性内部化。东部地区应起到先行示范作用，建立便捷环保参与机制，积极鼓励非政府组织、个人参与环保活动，完善自主参与型环境规制的治理机制。中西部地区应学习东部地区的成功经验，并结合自身实际，逐渐从命令控制型环境规制单一主导转向命令控制型和市场激励型环境规制共同主导，继续加大排污权交易、排污收费力度，严格把控污染物排放量，提升绿色技术创新效率。

（4）改革招商引资相关政策。由于目前外商直接投资抑制中国工业绿色技术创新效率的提升，因此在引进外资企业的过程中，一方面要提升环境门槛，另一方面对于有利于环境保护的技术给予支持，适当条件下给予补助，促进中国工业增长模式由“粗放型”向“集约型”转变。另外，中国在实施“走出去”战略过程中，应该具备更加长远的目光，注重 OFDI 对母国的逆向技术溢出。尽管在较短时期内，受制于研发投入所产生的“挤出效应”，OFDI 的逆向技术溢出受到抑制，但这种情况只是暂时的，政策制定者在制定政策时需要考虑长期性。充分发挥双向 FDI 的协调作用，在开放经济环境下，制定等价合理的双向政策，对高能耗高污染企业的进入逐渐加强限制的同时，鼓励高技术高清洁企业落户。当前，中国经济处于发展变革的关键时期，要更加注重高质量 FDI 的引入，改变以往引进外资时忽视环境保护的短期做法，也要引导国内企业在对外投资过程中朝着“技术寻求型”转变，多角度全方位提升绿色技术创新效率。

（5）因地制宜实施环境规制政策，合理利用不同类型环境规制政策工具组合。并非地方实施环境规制强度越强对绿色技术创新越有利，其通过与 FDI 的相互作用使得政策效果变得错综复杂。对于高污染地区，可以实行严格的命令控制型环境规制政策，制定完善的环保法律法规体系，倒逼企业环保技术研发和产业转型升级，吸引高附加值的外资进入，通过环境规制和 FDI 的双重促进作用提升本地绿色技术创新效率。对于一般污染地区，应该以市场激励型环境规制政策为主、命令控制型环境规制政策和自主参与型环境规制政策为辅。研究结果表明，市场激励型环境规制政策更容易促进地区之间形成“逐顶竞争”，而命令控制型环境规制则容易导致“逐底竞争”的恶性循环，必须依托市场建立更加弹性化的排污收费标准和污染减排补贴机制，使企业能够充分发挥自主选择性，达到减排和生产的完美契合；积极引导外商直接投资流入，削弱技术溢出壁垒和“污染天堂”效应。FDI 的流入尽管对本地绿色技术创新具有提升作用，但其空间溢出的负效应严重阻碍了总体效率的提升。区域之间应该形成互惠互利的运转模式，加大地区间 FDI 的技术溢出效应，削减区域间“各自为政”的自我保护机制，充分利用“学习效应”和“示范效应”达到互利共赢。同时，逐渐引导企业向中高端制造业、服务业转型，促使外商投资结构转型升级，降低 FDI 对地区的污染及空间扩散效应。最后，加快能源结构变革，积极引导风能、太阳能等可再生能源的使用。坚持市场在资源配置中的决定性作用不动摇，提升市场化程度，促进区域之间一体化发展。努力提升地区人力资本质量并建立人才激励机制。

第三节　研究展望

受笔者本人知识积累、科研能力、数据搜集、研究时间等的限制，在实际研究中，本书还有一些可以进一步深化的相关问题，可以在今后的科学研究中做进一步的深入挖掘。主要包括以下几个方面：

（1）本书的研究仅考察了 2006—2017 年中国工业整体及各省份绿色技术创新效率的变化趋势，相对来说考察时间范围比较短，要想更加准确地把握中国工业绿色技术创新效率，可以扩充数据的研究年限，通过对更长时间段数据的把握，能够清楚地预测全国整体及各省份工业绿色技术创新效率变化趋势。

（2）对异质性环境规制、FDI 影响中国工业绿色技术创新效率的研究，仅仅从全国和省域这一宏观角度进行了考察，没有涉及行业层面的考察，因此，还可以通过对工业行业的划分，进一步细分不同类型环境规制和 FDI 对各行业在绿色技术创新效率提升过程中的影响。

（3）除了异质性环境规制、FDI 对中国工业绿色技术创新效率存在影响，产业升级、经济社会发展水平和企业自身也会对其产生重要作用，这些与之相关的影响因素和影响因素相互作用后也会带来不同程度的促进或制约作用，因此，还可以进一步分析与之相关的影响因素和影响因素相互作用后对绿色技术创新效率的影响。

参考文献

[1] 薄文广，徐玮，王军锋．地方政府竞争与环境规制异质性：逐底竞争还是逐顶竞争？[J]．中国软科学，2018（11）：76－93.

[2] 陈庆江．政府科技投入能否提高企业技术创新效率［J］．经济管理，2017（2）：6－19.

[3] 成德宁，韦锦辉．不同类型环境规制影响我国产业竞争力的效应分析［J］．广东财经大学学报，2019（3）：26－33.

[4] 成力为，孙玮，王九云．引资动机、外资特征与我国高技术产业自主创新效率［J］．中国软科学，2010（7）：50－62.

[5] 丹尼尔·F. 史普博．管制与市场［M］．上海：上海人民出版社，1999.

[6] 邓路．FDI 溢出效应与自主技术创新效率：一个高技术产业特征的视角［J］．财经论丛，2010（1）：16－22.

[7] 范承泽，胡一帆，郑红亮．FDI 对国内技术创新影响的理论与实证研究［J］．经济研究，2008（1）：90－103.

[8] 冯志军．中国工业企业绿色创新效率研究［J］．中国科技论坛，2013（2）：82－88.

[9] 付帼，卢小丽，武春友．中国省域绿色创新空间格局演化研究［J］．中国软科学，2016（7）：89－99.

[10] 符淼．外商直接投资技术溢出效应的空间计量分析［J］．国际经贸探索，2009（4）：67－72.

[11] 葛晓梅，王京芳，薛斌．促进中小企业绿色技术创新的对策研究［J］．科学学与科学技术管理，2005（12）：89－93.

［12］高广阔，王艺群．京津冀地区高耗能产业绿色创新效率及影响因素分析——基于空间视角的实证研究［J］．工业技术经济，2018（1）：137－144.

［13］龚梦琪，刘海云，姜旭．中国工业行业双向 FDI 如何影响全要素减排效率［J］．产业经济研究，2019（3）：114－126.

［14］龚梦琪，刘海云．中国工业行业双向 FDI 的环境效应研究［J］．中国人口·资源与环境，2018（3）：131－141.

［15］郭进．环境规制对绿色技术创新的影响——“波特效应”的中国证据［J］．财贸经济，2019（3）：147－160.

［16］贾瑞跃，魏玖长，赵定涛．环境规制和生产技术进步：基于规制工具视角的实证分析［J］．中国科学技术大学学报，2013（3）：48－53.

［17］何枫，陈荣．经济开放度对中国经济效率的影响：基于跨省数据的实证分析［J］．数量经济技术经济研究，2004（3）：18－24.

［18］韩晶．中国区域绿色创新效率研究［J］．财经问题研究，2012（11）：130－137.

［19］惠炜，赵国庆．环境规制与污染避难所效应——基于中国省际数据的面板门槛回归分析［J］．经济理论与经济管理，2017（2）：22－33.

［20］黄德春，刘志彪．环境规制与企业自主创新——基于波特假设的企业竞争优势构建［J］．中国工业经济，2006（3）：102－108.

［21］贾军，张伟．绿色技术创新中路径依赖及环境规制影响分析［J］．科学学与科学技术管理，2014（5）：46－54.

［22］蒋殿春，夏良科．外商直接投资对中国高技术产业技术创新作用的经验分析［J］．世界经济，2005（9）：5－12.

［23］孔晓妮，邓峰．中国各省区绿色创新效率评价及其提升路径研究——基于影响因素的分析［J］．新疆大学学报（哲学·人文社会科学版），2015（4）：15－18.

［24］哈密尔顿．里约后五年——环境政策的创新［M］．北京：中国环境科学出版社，1998.

［25］李婧，谭清美，白俊红．中国区域创新生产的空间计量分析——基于静态与动态空间面板模型的实证研究［J］．管理世界，2010（7）：51－63.

［26］李婉红．中国省域工业绿色技术创新产出的时空演化及影响因素：

基于30个省域数据的实证研究［J］. 管理工程学报，2017（2）：12－23.

［27］李玲，陶峰. 中国制造业最优环境规制强度的选择——基于绿色全要素生产率的视角［J］. 中国工业经济，2012（5）：72－84.

［28］李玲，夏晓华. 污染密集型产业绿色创新效率及影响因素研究［J］. 中国特色社会主义研究，2018（1）：85－90.

［29］李政，杨思莹，何彬. FDI抑制还是提升了中国区域创新效率？——基于省际空间面板模型的分析［J］. 经济管理，2017（4）：6－19.

［30］罗良文，梁圣蓉. 中国区域工业企业绿色技术创新效率及因素分解［J］. 中国人口·资源与环境，2016（9）：149－157.

［31］罗良文，梁圣蓉. 国际研发资本技术溢出对中国绿色创新效率的空间效应［J］. 经济管理，2017（3）：21－33.

［32］刘叶，贺培，林发勤. 中国外商直接投资环境效应实证研究的元分析［J］. 国际贸易问题，2016（11）：134－144.

［33］刘斌斌，黄吉焱. FDI进入方式对地区绿色技术创新效率影响研究——基于环境规制强度差异视角［J］. 当代财经，2017（4）：89－98.

［34］李斌，陈崇诺. 异质型环境规制对中国工业能源效率影响的实证检验［J］. 统计与决策，2016（3）：129－132.

［35］李斌，彭星. 环境规制工具的空间异质效应研究——基于政府职能转变视角的空间计量分析［J］. 产业经济研究，2013（6）：38－47.

［36］刘新民，杜素珍，王松. 环境规制对低碳经济发展的直接与间接效应分析［J］. 山东科技大学学报（社会科学版），2016（4）：52－61.

［37］李香菊，贺娜. 地区竞争下环境税对企业绿色技术创新的影响研究［J］. 中国人口·资源与环境，2018（9）：76－84.

［38］刘朝，韩先锋，宋文飞. 环境规制强度与外商直接投资的互动机制［J］. 统计研究，2014（5）：34－42.

［39］李晓钟，张小蒂. 江浙基于FDI提高区域技术创新能力的比较［J］. 中国工业经济，2007（1）：104－111.

［40］李金凯，程立燕，张同斌. 外商直接投资是否具有“污染光环”效应？［J］. 中国人口·资源与环境，2017（10）：77－86.

［41］李政，杨思莹，何彬. FDI抑制还是提升了中国区域创新效率？——

基于省际空间面板模型的分析 [J]. 经济管理, 2017 (4): 8-21.

[42] 刘新民, 杜素珍, 王松. 环境规制对低碳经济发展的直接与间接效应分析 [J]. 山东科技大学学报 (社会科学版), 2016 (4): 57-66.

[43] 马富萍, 郭晓川, 茶娜. 环境规制对技术创新绩效影响的研究——基于资源型企业的实证检验 [J]. 科学学与科学技术管理, 2011 (8): 89-94.

[44] 平新乔, 关晓静, 邓永旭, 等. 外国直接投资对中国企业的溢出效应分析: 来自中国第一次全国经济普查数据的报告 [J]. 世界经济, 2007 (8): 5-15.

[45] 潘申彪, 余妙志. 外商直接投资促进我国企业技术创新了么? [J]. 科研管理, 2009 (9): 126-133.

[46] 彭星, 李斌. 不同类型环境规制下中国工业绿色转型问题研究 [J]. 财经研究, 2016 (7): 134-144.

[47] 钱丽, 王文平, 肖仁桥. 共享投入关联视角下中国区域工业企业绿色创新效率差异研究 [J]. 中国人口·资源与环境, 2018 (5): 27-39.

[48] 屈海涛. FDI 技术溢出与本土企业绿色创新的关系研究 [J]. 科学管理研究, 2018 (6): 66-69.

[49] 綦建红, 鞠磊. 环境管制与外资区位分布的实证分析 [J]. 财贸研究, 2007 (3): 16-21.

[50] 史青. 外商直接投资、环境规制与环境污染——基于政府廉洁度的视角 [J]. 财贸经济, 2013 (1): 95-105.

[51] 宋爽. 不同环境规制工具影响污染产业投资的区域差异研究——基于省级工业面板数据对我国四大区域的实证分析 [J]. 西部论坛, 2017 (1): 96-105.

[52] 唐杰英. 环境规制是否影响了外商对华直接投资——基于城市面板数据的实证分析 [J]. 国际经贸探索, 2017 (4): 83-94.

[53] 王锋正, 姜涛, 郭晓川. 政府质量、环境规制与企业绿色技术创新 [J]. 科研管理, 2018 (1): 26-33.

[54] 王小宁, 周晓唯. 市场化进程下的西部地区环境规制研究 [J]. 技术经济与管理研究, 2015 (5): 36-40.

[55] 王惠, 苗壮, 王树乔. 空间溢出、产业集聚效应与工业绿色创新效

率［J］. 中国科技论坛，2015（12）：33－38.

［56］王国印，王动. 波特假说、环境规制与企业技术创新——对中东部地区的比较分析［J］. 中国软科学，2011（1）：100－112.

［57］王红梅. 中国环境规制政策工具的比较与选择——基于贝叶斯模型平均（BMA）方法的实证研究［J］. 中国人口·资源与环境，2016（9）：132－138.

［58］王惠，王树乔，苗壮，等. 研发投入对绿色创新效率的异质门槛效应——基于中国高技术产业的经验研究［J］. 科研管理，2016（2）：65－73.

［59］王超，杨树旺，唐鹏程，等. 中国重污染行业绿色创新效率提升模式构建［J］. 中国人口·资源与环境，2018（5）：43－51.

［60］王保林，张铭慎. 地区市场化、产学研合作与企业创新绩效［J］. 科学学研究，2015（5）：748－757.

［61］王兵，肖文伟. 环境规制与中国外商直接投资变化——基于DEA多重分解的实证研究［J］. 金融研究，2019（2）：63－81.

［62］王锋正，郭晓川. 环境规制强度对资源型产业绿色技术创新的影响——基于2003—2011年面板数据的实证检验［J］. 中国人口·资源与环境，2015（5）：154－157.

［63］吴超，杨树旺，唐鹏程，等. 中国重污染行业绿色创新效率提升模式构建［J］. 中国人口·资源与环境，2018（5）：40－48.

［64］吴玉鸣. 外商直接投资与环境规制关联机制的面板数据分析［J］. 经济地理，2007（1）：13－16.

［65］吴伟平，何乔. “倒逼”抑或“倒退”？——环境规制减排效应的门槛特征与空间溢出［J］. 经济管理，2017（2）：20－34.

［66］吴清. 环境规制与企业技术创新研究——基于我国30个省份数据的实证研究［J］. 科技进步与对策，2011（18）：106－109.

［67］吴新中，邓明亮. 技术创新、空间溢出与长江经济带工业绿色全要素生产率［J］. 科技进步与对策，2018（9）：50－58.

［68］许庆瑞，王毅. 绿色技术创新新探：生命周期观［J］. 科学管理研究，1999（1）：3－6.

［69］许庆瑞，杨发明. 企业绿色技术创新研究［J］. 中国软科学，1998（3）：47－51.

[70] 肖黎明，张仙鹏．中国工业绿色创新绩效的地区差异及趋同性研究[J]．自然资源学报，2019，34（2）：312－324.

[71] 肖黎明，高军峰，刘帅．基于空间梯度的我国地区绿色技术创新效率的变化趋势——省际面板数据的经验分析［J］．软科学，2017（9）：67－72.

[72] 肖仁桥，王宗军，钱丽．环境约束下中国省际工业企业技术创新效率研究［J］．管理评论，2014（6）：56－66.

[73] 许慧，李国英．环境规制对绿色创新效率的影响研究［J］．财经问题研究，2018（9）：54－60.

[74] 许士春，何正霞，龙如银．环境政策工具比较：基于企业减排的视角［J］．系统工程理论与实践，2012（11）：3－14.

[75] 余泳泽．政府支持、制度环境、FDI与我国区域创新体系建设［J］．产业经济研究，2011（1）：51－59.

[76] 徐建中，王曼曼．FDI流入对绿色技术创新的影响及区域比较［J］．科技进步与对策，2018（11）：30－37.

[77] 易明，程晓曼．长江经济带城市绿色创新效率时空分异及其影响因素［J］．城市问题，2018（8）：33－41.

[78] 杨军，贺芒瑶，从建辉．环境规制、制造业FDI与门槛效应［J］．经济问题，2016（11）．

[79] 杨树旺，吴婷，李梓博．长江经济带绿色创新效率的时空分异及影响因素研究［J］．宏观经济研究，2018（6）：108－132.

[80] 姚西龙，王文熹，刘佳．能源要素价格、环境规制强度与工业绿色创新效率的关系研究［J］．价格理论与实践，2014（10）：42－44.

[81] 应瑞瑶，周力．外商直接投资、工业污染与环境规制——基于中国数据的计量经济学分析［J］．财贸经济，2006（1）：78－83.

[82] 杨秋月，陈清华．环境规制与工业企业绿色创新效率——基于面板数据的2SLS实证研究［J］．宁夏社会科学，2017（9）：62－69.

[83] 姚林如，杨海军，王笑．不同环境规制工具对企业绩效的影响分析[J]．财经论丛，2017（12）：109－115.

[84] 原毅军，刘柳．环境规制与经济增长：基于经济型规制分类的研究[J]．经济评论，2013（1）：109－115.

[85] 植草益. 微观规制经济学 [M]. 北京: 中国发展出版社, 1992.

[86] 赵细康. 环境保护与产业国际竞争力 [J]. 理论与实证分析, 2003 (6): 11-19.

[87] 张江雪, 朱磊. 基于绿色增长的我国各地区工业企业技术创新效率研究 [J]. 数量经济技术经济研究, 2012 (2): 113-125.

[88] 张晓莹. 环境规制对直接投资影响机理研究——基于制度差异的视角 [J]. 经济问题, 2014 (4): 35-40.

[89] 朱平芳, 张征宇, 姜国麟. FDI与环境规制: 基于地方分权视角的实证研究 [J]. 经济研究, 2011 (6): 134-146.

[90] 张中元, 赵国庆. 环境规制对FDI溢出效应的影响——来自中国市场的证据 [J]. 经济理论与经济管理, 2012 (2): 30-38.

[91] 张倩, 曲世友. 环境规制下政府与企业环境行为的动态博弈与最优策略研究 [J]. 预测, 2013 (4): 37-42.

[92] 赵细康. 引导绿色创新: 技术创新导向的环境政策研究 [M]. 北京: 经济科学出版社, 2006.

[93] 张娟, 耿弘, 徐功文, 等. 环境规制对绿色技术创新的影响研究 [J]. 中国人口·资源与环境, 2019 (9): 171-179.

[94] 张平, 张鹏鹏, 蔡国庆. 不同类型环境规制对企业技术创新影响比较研究 [J]. 中国人口·资源与环境, 2016 (4): 10-15.

[95] 朱东波, 任力. 环境规制、外商直接投资与中国工业绿色转型 [J]. 国际贸易问题, 2017 (11): 70-81.

[96] Acemoglu D, Aghion P, Bursztyn L, et al. The environment and directed technical change [R]. National Bureau of Economic Research, 2009.

[97] Acemoglu D, Aghion P, Bursztyn L, et al. The environment and directed technical change [J]. The American Economic Review, 2012, 102 (1): 131-166.

[98] Amore M D, Bennedsen M. Corporate governance and green innovation [J]. Journal of Environmental Economics and Management, 2016, 75 (1): 54-72.

[99] Baumol W J, Oates W E. The theory of environmental policy [M]. Cambridge: Cambridge University Press, 1988.

[100] Bhatnagar S, Cohen M A. The impact of environmental regulation on in-

novation: A panel data study [J]. NBER Working Paper, 1996 (4): 5545.

[101] Brunnerrneier S B, Cohen M A. Determinants of environmental innovation in US manufacturing industries [J]. Journal of Environmental Economics and Management, 2003, 45 (2): 278 -293.

[102] Coase R H. The problem of social cost [J]. The Journal of Law and Economics, 1960, 56 (3): 1 -23.

[103] Chen C T, Chien C F. Using DEA to evaluate R&D performance of the computers and peripheral's firms in Taiwan [J]. International Journal of Business, 2004 (4): 347 -360.

[104] Cole M A, Elliott R J, Fredriksson P G. Endogenouspollution havens: Does FDI influence environmental regulations? [J]. Scandinavian Journal of Economics, 2006 (1): 157 -178.

[105] Charnes A, Cooper W W, Rhodes E. Measuring the efficiency of decision -making units [J]. European Journal of Operational Research, 1978, 2 (6): 429 -444.

[106] Cremieux P Y, Meilleur M C, Ouellette P, et al. Erratum: Public and private pharmaceutical spending as determinants of health outcomes in Canada [J]. Health Economics, 2005, 14 (2): 107 -116.

[107] Dean J M, Lovely M E, Wang H. Are foreign investors attracted to weak environmental regulations [R]. World Bank Policy Research Working Paper, 2005.

[108] Downing P B, White L J. Innovation in pollution control [J]. Journal of Environmental Economics and Management, 1986, 13 (1): 18 -29.

[109] Brawn E, Wield D. Regulation as ameans for the social control of technology analysis ang strategic management [J]. 1994 (3) .

[110] Cole M A. Endogenous pollution havens: Does FDI influence environmental regulations [J]. Scandinavian Journal of Economics, 2006 (108) .

[111] Freeman C. The greening of technology and models of innovation [J]. Technological Forecasting and Social Change, 1996 (53): 27 -39.

[112] Farrell. Themeasurement of productive efficiency [J]. Journal of the Royal Statistical Society, 1957 (3): 253 -290.

[113] Frondel M, Horbach J, Rennings K. End – of – pipe or cleaner production and empirical comparison of environmental innovation decisions across OECD countries [J]. Business Strategy and the Environment, 2007, 10 (1002): 496.

[114] Fischer C, Heutel G. Environmental Macro – economics: Environmental policy, business cycles, and directed technical change [J]. Annual Review of Resource Economic, 2013, 5 (1): 197 – 210.

[115] Furman J L, Porter M E, Stern S. The determinants of national innovative capacity [J]. Research Policy, 2002, 31 (6): 899 – 933.

[116] Grossman G, Krueger A. Environmental impacts of a north american free trade agreement [R]. NBER Working Paper, 1991.

[117] Guan J, Chen K. Measuring the innovation production process: A cross – region empirical study of China's High – tech innovations [J]. Technovation, 2010 (30): 348 – 358.

[118] Goulder L H, Schneider S H. Induced technological change and the attractiveness of CO_2 abatement policies [J]. Resource and Energy Economics, 1999, 21 (3): 211 – 253.

[119] Gray W B. Thecost of regulation: OSHA, EPA and the productivity slowdown [J]. American Economic Review, 1987 (77): 998 – 1006.

[120] Guo L L, Qu Y, Tseng M L. The interaction effects of environmental regulation and technological innovation on regional green growth performance [J]. Journal of Cleaner Production, 2017 (162): 894 – 902.

[121] Han B. Dynamics in eco – design practice [J]. Industry and Environment, 1997 (21): 35 – 50.

[122] Hansen B E. Threshold effects in non – dynamic panels: Estimation, testing and inference [J]. Journal of Econometrics, 1999, 93 (2): 345 – 368.

[123] Inge R. The unsustainable directionality of innovation: The example of the broadband transition [J]. Research Policy, 2012, 41 (9): 1631 – 1642.

[124] Jaffe A B, Palmer J K. Environmental regulation and innovation: A panel data study [J]. Review of Economics and Statistics, 1997, 79 (4): 610 – 619.

[125] Jaffe A B, Peterson S R, Portney P R, et al. Environmental regulation

and the competitiveness of US manufacturing: What does the evidence tell us? [J]. Journal of Economic Literature, 1995 (33): 132 – 163.

[126] Jaffe A B, Stavins R N. Dynamic incentives of environmental regulations: The effects of alternative policy instruments on technology diffusion [J]. Journal of Economics and Management, 1995 (29): 43 – 63.

[127] Jung C, Krutilla K, Boyd R. Incentives for advanced pollution abatement technology at the industry level: An evaluation of policy alternatives [J]. Journal of Environmental, Economics and Management, 1996, 30 (1): 95 – 111.

[128] Jefferson G H, Hu A J. FDI impact and spillover: Evidence from China' s electronic and textile industries [J]. World Economy, 2002, 25 (8): 1063 – 1076.

[129] Kemp R, Pearson P. Final report of the MEI Project measuring eco – innovation [R]. Maastricht: UMMERIT, 2007.

[130] Keller W. International technology diffusion [J]. Journal of Economic Literature, 2004, 42 (3): 752 – 782.

[131] Kemp R. Environmental policy and technical change: A comparison of the technological impact of policy instrument [M]. Cheltenham: Edward Elgar Publishing, 1997.

[132] Kavita M. Regional innovations and the economic competitiveness in India [J]. The International Handbook on Innovation, 2003 (12): 904 – 914.

[133] Kokko A. Foreign direct investment, host country characteristics and spillovers [D]. Copenhagen: Copenhagen Business School, 1992.

[134] Lambertini L, Tampieri A. Vertical differentiation in a cournot industry: The porter hypothesis [J]. Resource and Energy Economics, 2012, 34 (3): 374 – 380.

[135] Lanoie P, Laurent – Lucchetti J, Johnstone N, et al. Environmental policy, innovation and performance: New insight on the Porter Hypothesis [R]. CIRANO Working Papers, 2007: 19.

[136] Lanjouwn J O, Mody A. Innovation and theinternational diffusion of environmentally responsive technology [J]. Research Policy, 1996, 25 (4): 549 – 571.

[137] Lesage J P, Pace R K. Introduction to spatial econometrics [J]. Spatial

Demography, 2009, 1 (1): 143 - 145.

[138] Letchumanan R, Kodama F. Reconciling the conflict between the "Pollution - Haven" Hypothesis and an emerging trajectory of international technology transfer [J]. Research Policy, 2000, 29 (1): 59 - 79.

[139] Lee G. The effectiveness of international knowledge spillover channels [J]. European Economic Review, 2006 (50): 2075 - 2088.

[140] Marcus W. On the relationship between environmental management environmental innovation and patenting: Evidence from German manufacturing firms [J]. Research Policy, 2007 (10): 1587 - 1602.

[141] Berry M A, Rondinelli D A. Proactive corporate environmental management: A new Industrial revolution [J]. The Academy of Management Executive, 1998 (12): 38 - 47.

[142] Montero J P. Prices versus quantities with incomplete enforcement [J]. Journal of Public Economics, 2002, 85 (3): 435 - 454.

[143] Nasierowski W, Arcelus F. About efficiency of innovations: What can be learned from the innovation Union Scoreboard Index [J]. Procedia - Social and Behavioral Sciences, 2012, 58 (8): 792 - 801.

[144] Nurkse R. Problems of capital formation in underdeveloped countries [M]. Basil: Blackwell, 1953.

[145] Po - shin H, Li - Hsing S. Effective environmental management through environmental knowledge management [J]. International Journal of Environmental Science and Technology, 2009, 6 (1): 35 - 50.

[146] Theodore P. Green market, the economics of sustainable development [M]. San Francisco: ICS Press, 1993.

[147] Porter M E. America's green strategy [J]. Scientific American, 1991 (3): 168 - 206.

[148] Pedro C, Manuel V H, Pedro S V. Are environmental concerns drivers of innovation? Interpreting Portuguese innovation data to foster environmental foresight [J]. Technological Forecasting and Social Change, 2006, 73 (3): 266 - 276.

[149] Porter M. America's green strategy [J]. Scientific American, 1991,

268 (4): 95 – 117.

[150] Rosenstein – Rodan P N. The problems of industrialization of Eastern and South – eastern Europe [J]. Economic Journal, 1943, 53 (210): 202 – 211.

[151] Ruane F, Ugur A. Foreign direct investment and productivity spillovers in Irish manufacturing industry: Evidence from plant level panel data [J]. International Journal of the Economics of Business, 2005 (12): 53 – 66.

[152] Simpson R D, Bradford R L. Taxing variable cost: Environmental regulation as industrial policy [J]. Journal of Environmental Economics and Management, 1996, 30 (3): 282 – 300.

[153] Tone K A. Slacks – based measure of efficiency in data development analysis [J]. European Journal of Operational Research, 2001, 130 (3): 498 – 509.

[154] Walter I, Ugelow J L. Environmental policies in developing countries [J]. Ambio, 1979 (8): 102 – 109.

[155] Wong S K. The influence of green product competitiveness on the success of green product innovation: Empirical evidence from the Chinese electrical and electronics industry [J]. European Journal of Innovation Management, 2012, 15 (4): 468 – 490.